Stefanie Horn

Natürlich fermentierte Nüsse

Stefanie Horn

Natürlich fermentierte Nüsse

Die Entstehung gereifter Nusslaibe

Wie ich in Patagonien etwas komplett Neues entdeckte

Danksagung

Der erste wärmste Dank gilt meinen lieben Eltern, die mich in meinem Leben immer mit sehr viel Akzeptanz begleitet haben, und zwar auch in Momenten und bei Entscheidungen, wo ich einen eher unkonventionellen Weg gewählt habe. Dankbar bin ich meiner Mutter, dass sie sich früher die Zeit genommen hat, für uns zu kochen, Kuchen zu backen, Marmelade einzumachen und saisonale Früchte und Gemüse zu verarbeiten. Diese anscheinend kleinen Dinge sind mir in Erinnerung geblieben und haben mir dabei geholfen, zu einer natürlichen Ernährung zu finden und letztendlich dieses Buch zu schreiben. Selbst wenn der Beweggrund dafür früher vielleicht ein anderer war als heute, merke ich, wie wichtig die Ernährung in der Kindheit war und wie sie ihre Spuren bis ins Alter hinterlässt.

Meinem Partner Fernando danke ich von Herzen für seine Geduld und sein Verständnis für lange Schreibnächte, nervige Food-Foto-Sessions und emotionale Ausbrüche in der Küche. Ebenso für seine Abwaschkünste, Pressen bauen, Ringformen schneiden, Nusslaibe probieren bis zum Platzen und auch das Pflegen einiger großer Laibe, als ich auf Deutschlandreise war.

Silvia hat mit ihrer Familie fast zwei Monate in Patagonien verbracht. Wir haben geschlemmt, gekocht, geerntet und Nusslaibe zusammen gemacht. Ganz lieben Dank für die tollen Fotos von unseren gemeinsamen Laiben und den Austausch über die Erfahrungen der Nusslaibherstellung im subtropischen Klima Thailands.

Herzlichen Dank an Anne-Katrin für die Hilfe beim Schreiben des Exposés, die Ermutigung und Wertschätzung meiner Nusslaibe, das Ausprobieren der Rezepte dieses Buches und das Aufopfern eines Laibs für die Laboruntersuchung.

Ein neues Wort wie »Nusslaibe« ins Leben zu rufen, ist eine Herausforderung! Daher danke ich dem pala-verlag und meiner Lektorin Angelika Eckstein, dass sie diese Herausforderung liebevoll annahmen und diesem Buch und mir so großes Vertrauen entgegenbrachten.

Inhalt

Bienvenidos

Dieses Buch richtet sich an Menschen, die gerne Neues ausprobieren und auf der Suche nach einer gesünderen Lebensweise sind. Es ist für den Hausgebrauch sowie in der professionellen Küche geeignet und beinhaltet drei Bereiche:

* Meine Erfahrungen, die mich zur Herstellung von Nusslaiben bewegten.
* Rezepte für laktosefreie Produkte, hergestellt aus Nüssen und Kernen.
* Produktionstechniken zur Fermentierung, Trocknung und Reifung von kleinen und großen Nusslaiben.

Die Geschichte führt durch die einzelnen Stufen, die ich durchlaufen habe, bis hin zu einer Ernährung ohne Milchprodukte, die keine Wünsche offen lässt.

Zur Anwendung der Rezepte möchte ich anmerken, dass ich kein Mensch bin, der exakt nach Rezept arbeitet. Mir reichen meist die Zutaten eines Gerichtes und ich verwandle dann alles so, wie ich gerade Lust und Laune habe. Vor allem bei der Nusslaibherstellung ist es wichtig, ein Gefühl für die Laibe und deren Herstellung zu bekommen: Welche Qualität und Konsistenz haben meine Nüsse? Wie salzig ist mein Salz? Wie stark fermentiert mein selbst gemachtes Ferment? Wie püriert mein Mixer? Wie ist das Klima bei mir für die Reifung? Da ich keine Fertigprodukte verwende und in Patagonien lebe, mögen die Mengenangaben nicht für jedermann exakt zutreffen, auch wenn ich detailgenau aufgelistet habe, wie sie bei mir funktionieren. Ich bitte dies zu berücksichtigen, wenn es in der Küche losgeht!

Die Idee, alles genau aufzuschreiben, wie es bei mir war, soll Ihnen helfen, sich langsam immer tiefer einzulesen und »einzufermentieren«, sodass Sie dabei die Materie nach und nach besser kennenlernen. Damit werden penible Rezeptangaben unnötig, weil Sie die obigen Fragen selbst beantworten können. Denn wer die Rohstoffe richtig kennenlernt, Hintergründe versteht und eigene Erfahrungen sammelt, wird mit der Zeit ohne exakte Rezepte einzigartige Nusslaibe auf den Tisch bringen.

Ich empfehle Ihnen daher, das Buch praktisch zu verwenden: lesen, ausprobieren, weiterlesen, weiterprobieren ... dann geht alles wie von selbst.

Viel Spaß beim Lesen, Ausprobieren und Genießen!

Stefanie Hoon

Vorgeschichte

Schon immer liebte ich gutes, frisch zubereitetes Essen! Als ehemalige Berufssportlerin war mir eine gesunde, natürliche Ernährung, die mir genügend Energie für meine Arbeit bereitstellte, wichtig. Fleisch hatte ich schon in sehr jungen Jahren von meinem Speiseplan verbannt, aus dem einfachen Grund, weil es mir nicht schmeckte. Fisch gab es hin und wieder, aber nur auswärts, um ihn nicht selber zubereiten zu müssen, bis ich auch daran vor vielen Jahren keinen Geschmack mehr finden konnte. Wenn mich jemand fragte, ob ich Vegetarierin sei, sagte ich Nein, weil ich es nie für mich beschlossen hatte. Ich aß einfach, was mir schmeckte, ohne viel darüber nachzudenken.

Schon immer kochte ich gerne, allerdings mit einer Bedingung: Einfach und praktisch musste es sein. Stundenlang in der Küche zu stehen und komplizierte Rezepte auszuprobieren, passte nicht zu mir. Doch wenn ich eines hasste, dann waren es Fertiggerichte! So suchte ich immer eine schnelle Lösung, die frische Zutaten, wie rasch geschnippeltes Gemüse und Kräuter, kombiniert mit Reis, Pasta oder Kartoffeln, in ein leckeres Gericht verwandelten. Mal italienisch, mal asiatisch oder mexikanisch. Das war für mich als Sportlerin lange Zeit das perfekte Essen.

Doch dann gab es einige einschneidende Veränderung in meinem Leben. Ich beendete meine Karriere, löste alles auf, was ich hatte, verließ Deutschland nur mit einem Rucksack auf dem Rücken und reiste einige Jahre durch Mittel- und Südamerika. Einfach zu reisen und gut zu essen, ließ sich meistens nicht miteinander vereinbaren, vor allem nicht bei meinem eher abenteuerlichen Reisestil, der mich in abgelegene Teile der Welt führte. Ob Bootsreise auf dem Amazonas oder Wanderungen zu Andendörfern, mehrere tausend Meter hoch gelegen – der kulinarische Genuss blieb aus, genauso wie meine Kochkunst mangels eigener Küche für lange Zeit pausieren musste.

Was ungewollt ganz oben auf dem Speiseplan stand, waren diverse Bakterien und Parasiten, die mich über lange Zeit auf meiner Reise begleiteten. Ein Arzt in Peru sagte einmal zu mir: »Die werden Sie erst wieder richtig los, wenn Sie in Ihre Heimat zurückkehren.« Aber das Reisefieber war stärker und ich ließ mich von den kleinen Tierchen nicht beirren. Ich kannte sie alle beim Namen und wusste genau, welches Medikament gegen wen half. So wurden leider auch diverse Antibiotika zu meinen ständigen Reisebegleitern.

Zu dieser Zeit belastete mich das nicht wirklich. Die Jahre des Reisens waren mit die faszinierendsten Zeiten meines Lebens. Es gab unzählige Erlebnisse und Erfahrungen, die mein Leben positiv verändert, mein Bewusstsein erweitert und meine bisherige Lebensweise total umgekehrt haben. Dass Bakterien und Parasiten ebenfalls ihren Teil zu dieser Verwandlung beitrugen, sollte mir erst später bewusst werden.

Ushuaia, Feuerland

Einmal Südamerika von oben nach unten, erreichte ich nach zwei Jahren Feuerland, das »Ende der Welt«. Das Bedürfnis nach einem Schrank anstatt eines Rucksacks war groß, vor allem aber nach einer eigenen Küche. Ich konnte keine Restaurants mehr sehen, bitte keine Pasta mehr, weder mit roter noch mit weißer Sauce, und auch die rosa Sauce war für mich nicht mehr akzeptabel. Wenn man kein Fleisch mag, blieben einem auf diesem Kontinent meistens nicht so viele Optionen. Von Parasiten geplagt, hielten sich außerdem die Salate und Gemüsegerichte wegen fragwürdigen Waschwassers in Grenzen, sodass nicht viel Nahrhaftes für mich zur Auswahl stand.

Ich entschied mich, eine Weile in Buenos Aires zu bleiben, mietete eine Wohnung, und das Erste, was ich tat, war einkaufen zu gehen und selbst zu kochen. Was für ein Gefühl ... und was für ein Geschmack! Ich hatte total vergessen, wie lecker man essen konnte, wie gut frische Zutaten schmeckten und wie gerne ich kochte. Diese ersten Gerichte waren überhaupt nichts Besonderes: Risotto, Gemüsesuppe, und Brokkoli in der Pastasauce war schon eine Spezialität. Doch ich fühlte mich wie im Himmel, war ich doch nichts Gutes mehr gewohnt.

Einige Dinge waren nicht leicht erhältlich, da musste ich in der großen Stadt erst auf die Suche gehen. Gewisse für mich »normale« Lebensmittel gab es kaum. So fand ich zum Beispiel nur einen einzigen Bäcker, der ein richtiges Vollkornbrot backte. Dieses Geschäft war eine ganze Stunde mit dem Bus von meiner Wohnung entfernt, was sich gerade bei Brot als etwas unpraktisch herausstellte. Anfangs kam ich mit fünf Kilo Brot im Rucksack heim und fror es ein. Doch nach einiger Zeit fand ich den Aufwand übertrieben und begann nach Rezepten zu suchen, denn die Lösung hieß: selbst backen! Das Ergebnis: überwältigend! Es geht doch nichts über ein frisches selbst gebackenes Brot. Schon wenn der Geruch des Backens die Wohnung erfüllte – nach

Jahren mit labberigem, geschmacklosem Reise-Weißbrot gab es endlich ein knuspriges, lauwarmes, graubraunes Vollkornbrot mit Leinsamen, Sonnenblumenkernen und Kürbiskernen, auf dem die Butter zerschmolz. Lecker!

So begannen meine Erfahrungen, nicht nur selbst zu kochen, sondern auch Lebensmittel selbst herzustellen. Zu dieser Zeit geschah es aus einer gewissen Not heraus, weil es das, worauf ich Lust hatte, dort gerade nicht gab. Das Ergebnis war immer umwerfend gut, denn ich stellte jedes Mal fest, dass Selbstgemachtes viel besser schmeckte als die Variante aus dem Supermarkt. Es sei erwähnt, dass ich damals nicht einmal einen Stabmixer besaß, geschweige denn andere moderne Küchengeräte, da ich in einer einfach ausgestatteten Mietwohnung in Buenos Aires lebte, die, wenn überhaupt, ihren Schwerpunkt auf dem Equipment des Asado-Grills hatte. Es waren erst die Anfänge einer neuen Lebensweise.

In Buenos Aires lebend, reiste ich trotzdem weiter. Alle paar Monate gab es einen kleinen Trip in den Norden oder nach Bolivien, Uruguay oder Brasilien, und meistens erwischten mich irgendwelche Bakterien oder Parasiten aufs Neue. Obwohl spätere Untersuchungen ergaben, dass keine unerwünschten Tierchen mehr in mir lebten, hatte ich das Gefühl, irgendetwas stimmte nicht, und stellte noch etwas anderes an mir fest. Als Sportlerin kannte ich meinen Körper recht gut und spürte, wie die Ernährung auf mich wirkte. Die Parasiten und Antibiotika hatten sicherlich ihre Spuren hinterlassen, mein Darm war empfindlich, die Darmflora vielleicht nicht in ihrem besten Gleichgewicht. Was mir auffiel, war, dass ich Milch und Joghurt nicht mehr gut vertrug. Ich fühlte mich damit voll und aufgebläht und hatte des Öfteren Bauchschmerzen. Zu der Zeit liebte ich meinen morgendlichen Milchkaffee mit viel aufgeschäumter Milch und wenig Kaffee. Bei Joghurt war es anders, er schmeckte mir plötzlich nicht mehr und ich verbannte ihn einfach aus meinem Speiseplan. Ich verzichtete auf Müsli, obwohl ich es gerne mochte, aber da ich morgens sowieso keine große Esserin war und mir Herzhaftes besser schmeckte, vermisste ich es nicht. Beim Kaffee allerdings fiel es mir schwer, erst trank ich ihn mit wenig, dann ohne Milch. Doch da mir schwarzer Kaffee nicht schmeckte, ließ ich mich schließlich vom argentinischen Matetrinken anstecken und verzichtete ganz auf die deutsche Kaffeekultur.

Aber ich liebte Käse! Während meiner Buenos-Aires-Zeit verschwendete ich nicht einen einzigen Gedanken daran, selbigen nicht mehr zu essen. Unvorstellbar, gehörte Käse vor allem zu meiner vegetarischen Alternative, wenn ich mit Freunden ausging. Es gab keine vegetarischen Restaurants und keine Vegan-Bewegung wie heute. Man ging Pizza essen oder Empanadas, was ohne Käse unmöglich war.

Doch die nächste Veränderung ließ nicht lange auf sich warten. Eine längere Reise zurück in die Heimat und von dort nach Indien und Nepal löste verschiedene interessante sowie unerwartete Dinge aus. Ich lernte Linsen-Dal kennen und lieben, sowie Palak Paneer, Chai und all die herrlichen indischen Gewürze. Schon während der Reise notierte ich viele Rezepte, begann zudem, inspiriert durch andere Reisende, vor allem über unsere Nahrungsmittel und deren Herkunft nachzudenken und zu recherchieren. Ich las einige Bücher, sah Dokumentarfilme und war geschockt, wie sich die Lebensmittelindustrie entwickelt hatte. Nicht, dass ich das nicht schon vorher gewusst hatte, aber es kam der Moment, in dem es mir so richtig klar wurde. Da fragte ich mich, ob ich nicht besser etwas ändern sollte, um gesünder zu leben und außerdem diese Entwicklung nicht weiter zu unterstützen. Zum Glück habe ich in solchen Situationen die Fähigkeit, recht konsequent zu sein, und traf einige Entscheidungen. Ein Monat Wandern durch den Himalaya trug seinen Teil dazu bei und prägte meinen Partner Fernando und mich hinsichtlich eines Lebens in der Natur. Als wir ein Jahr später nach Buenos Aires zurückkehrten, entschieden wir uns, nach Patagonien in die Berge zu ziehen.

Gesagt, getan, fanden wir ein Häuschen zur Miete auf einem Chacra, einer bewirtschafteten Farm, mit Bio-Gemüseanbau, und es entstand unser ganz persönliches Projekt »Kein einziges Fertigprodukt mehr«. Wir machten alles selbst! Das Ziel war, natürlicher zu essen ohne versteckte Zutaten. Fernando lernte, wie man Gemüse anbaut, und ich stand in der Küche. Vorbei war es mit dem gewohnten »Einfach-und-schnell«-Kochen. Alle Lebensmittel wurden eigenhändig hergestellt, Gemüse wurde eingemacht und ein Wintervorrat angelegt.

Was bedeutet es, alles selbst zu machen? Als Erstes muss man sich darüber klar werden, was man eigentlich alles so verzehrt und zu sich nimmt. Geht man nicht mehr in den Supermarkt, bedeutet es nicht, dass man nichts mehr kauft, zumindest sind wir noch sehr weit davon entfernt, alles selbst anzupflanzen. Das war in dem Moment auch gar nicht das Ziel. Die Idee hingegen war, zu wissen, wenn ich einen Senf esse, was drin ist, weil ich ihn selbst hergestellt habe. Also mussten wir uns daran machen, alle Rohstoffe zu beschaffen. Nachbarn erzählten uns von »compras comunitarias«, was so viel wie »Gemeinschaftskäufe« bedeutet. Daraufhin erhielten wir einige Adressen und fanden einen Anbieter, der vor allem auch Bioprodukte im Sortiment hatte und diese kiloweise verkaufte. So taten wir uns mit Freunden und Nachbarn zusammen und bestellten die Liste rauf und runter: Roggenmehl, Weizenvollkornmehl, Grieß, Gerste, Haferflocken, Leinsamen, Sesamkörner, Sonnenblumenkerne, Kürbiskerne, Mandeln, Haselnüsse und Ähnliches für Müsli und zum Brotbacken. Eine Getreidemühle und Pastamaschine halfen bei der Verarbeitung, sodass wir nicht mal mehr ein Paket fertige Nudeln kauften. Auch einen Stabmixer besaß ich mittlerweile. Weiter ging es mit Vollkornreis, Hirse, Buchweizen, Quinoa, getrockneten Bohnen in Weiß, Rot und Schwarz, Linsen in Braun und Rot, Kichererbsen sowie getrockneten Tomaten und Früchten, Rosinen, Datteln, Feigen, Algen und Pilzen, Sonnenblumenöl und Olivenöl, griechischen Oliven, Spirulina und Chlorella. Dazu besorgte ich mir alle möglichen Kräuter und Gewürze wie Fenchel, Kümmel, Anis, Koriander, Kardamom, Nelken,

Kurkuma, Kreuzkümmel und mehr. Frische Kräuter, wie Basilikum, Petersilie, Salbei, Thymian, gab es zu Hauf im eigenen Garten. Sie wurden geerntet und getrocknet. Nicht eine Gewürzmischung kaufte ich mehr und musste feststellen, wie teuer zum Beispiel exotische asiatische Gewürzmischungen waren, vor allem wenn sie bis nach Argentinien importiert wurden. Ich nahm Kardamom und Co. und mischte mir das leckerste Madras-Curry ohne Geschmacksverstärker selbst.

Mit unseren Kräutern begann ich, Teemischungen zusammenzustellen. Ob klassischer Yogitee oder indischer Chai, es lässt sich ruck zuck mischen. Daraus wiederum ergab sich, dass ich mich mit Heilkräutern beschäftigte, Tinkturen herstellte sowie Ölauszüge, um daraus wiederum Naturkosmetik und Salben zu machen. Auch Putzmittel und Waschmittel probierte ich aus. Es nahm kein Ende ... eine neue Welt tat sich mir auf, allein darüber könnte ich ein eigenes Buch schreiben.

Wir achteten darauf, so viel wie möglich aus unserer Region zu beziehen. Auf dem Chacra wurde Gemüse angebaut, wir hatten Walnussbäume und Esskastanien vor der Tür sowie Obstbäume aller Art. Die Gegend ist sehr bekannt für Waldfrüchte und ein Nachbar lieferte uns naturbelassenen Honig. Wir lernten ein japanisches Ehepaar kennen, welches Tofu und Miso-Paste aus ökologischen Zutaten selbst herstellte und verkaufte. Ich versuchte es sogar wieder mit Milch von einem Biohof. Interessanterweise vertrug ich diese Milch besser, sie erschien mir weniger fett zu sein. Doch gerade deshalb konnte man sie nicht richtig aufschäumen, und ich stellte zudem fest, dass mir der Milchkaffee gar nicht mehr schmeckte. Daraufhin besorgte ich mir eine Joghurtmaschine und begann, aus dieser Milch Joghurt selbst zu machen, der durchaus verträglich war. Der Biohof stellte auch einige Sorten Käse her, und wir fühlten uns rundum gut versorgt.

So häuften wir einen Vorrat an, der vorerst im Sideboard, das eigentlich für das Wohnzimmer gedacht war, Platz fand. Eine Speisekammer hatten wir nicht, das Haus war sehr klein. Die genannten Zutaten sind nur ein Auszug unseres Sortiments, und jedes Mal, wenn ich ein neues Gericht kochen oder ein Lebensmittel herstellen wollte und feststellte, dass mir eine Zutat fehlte, ging ich in die ansässige Dietética, wo man auch lose Ware und manche Bioprodukte kaufen kann, um meine Rohstoffsammlung zu erweitern. Als ich mir eine gute Basis angeschafft hatte, war es ein tolles Gefühl, einfach zu sagen: Heute will ich indisches Gemüsecurry mit Vollkornreis und Joghurt essen, dazu Naan-Brot und Kartoffelbällchen. Oder lieber vegetarische Sushi mit selbst eingelegtem Ingwer, Misosuppe und japanischem Sesam-Spinat? Ich suchte mir einfach alle Zutaten zusammen und begann zu kochen. Nicht unbedingt immer schnell und einfach, aber ich brauchte nicht mehr einkaufen zu gehen! Denn auch das brauchte Zeit, und es kostete Energie und Benzin, da der nächstgrößere Ort etwa 20 Kilometer von uns entfernt lag. So verließen wir unser Haus und das Tal, in dem wir wohnten, eher selten. Ich konnte locker einen Monat auskommen, ohne einkaufen zu gehen.

Das Einzige, was bei unserem neuen System der Verpflegung »Schwierigkeiten« bereitete, waren Milchprodukte und Käse! Man muss sie regelmäßig kaufen, da sie sich nicht lange halten. So haben wir Milch als Joghurt oder hausgemachten Ricotta haltbar gemacht und den nächsten Einkauf immer weiter herausgezögert. Wenn nichts mehr im Kühlschrank war, kamen wir ein bis zwei Wochen ohne Milchprodukte aus, aber es passte nicht ideal in unser Konzept.

Wie es dann oft ist im Leben, passierten unerwartete Dinge. Es war Anfang Januar 2012, auf der Südhalbkugel mitten im Sommer. Wir wohnten gerade mal ein halbes Jahr auf dem Chacra. Es war ein sehr heißer, trockener Sommer und hatte bereits über einen Monat lang nicht mehr geregnet, als uns die Nachricht von einem Waldbrand ganz in der Nähe erreichte. So etwas hatte ich noch nie erlebt, vor allem nicht so nah. Die Flammen breiteten sich relativ schnell aus und kamen auf unser Tal zu, bis etwa 500 Meter an unser Häuschen heran. Wir packten die wichtigsten Sachen, evakuierten das Haus und kamen vorerst bei Freunden in einem Hostel unter. Der Brand wurde glücklicherweise kurz vor unserem Haus von der Feuerwehr eingedämmt, sodass das Chacra nicht mehr in Gefahr war, aber die Flammen fraßen sich tagelang weiter über drei Berge hinweg.

Ich kann mich nicht mehr genau erinnern, wie das Packen ablief. Zu der Zeit besaßen wir nicht viel, da wir erst seit Kurzem dort wohnten. Natürlich greift man erst mal zu den wichtigsten Dingen. Doch wir packten auch einige Lebensmittel ein, vor allem die aus dem Kühlschrank. Während des Brandes wurde der Strom abgeschaltet und wie jeder weiß, verderben Lebensmittel, vor allem bei über 30 °C Hitze. Jedenfalls saßen wir mit vier Liter Milch und fünf frischen selbst gemachten Joghurts im Auto. Wir fuhren zu einer Freundin, die wir damals noch nicht lange kannten, um einige unserer Sachen bei ihr unterzustellen. Wir boten ihr die Milch und den Joghurt an. Es wäre doch schade, sie verkommen zu lassen. »Nein«, sagte sie. »Milch trinken wir nicht, den Joghurt mag vielleicht mein Sohn, ab und zu schmeckt ihm so was.« Diese Antwort hatten wir nicht erwartet. So landete zumindest der Joghurt in ihrem Kühlschrank und die vier Liter Milch blieben erst mal in unserem Auto. Den ganzen Tag waren wir im Ort unterwegs, um eine Wasserpumpe für das Chacra zu organisieren, und fuhren erst spät abends in das Hostel.

Immer wieder überlegten wir, wem wir die Milch geben könnten, da sie den ganzen Tag im Auto sicher nicht gut aufgehoben war. Wir hätten sie anderen evakuierten Anwohnern, die in Turnhallen schlafen mussten, geben können oder einer Freundin, die aber am anderen Ende des Tals wohnte. Nicht ein einziges Mal sind wir auf die Idee gekommen, sie selbst zu trinken. Unser Appetit war eher mäßig und Milch zu trinken, bei der Hitze undenkbar. Dann reichte es mir, und ich sagte: »Es kann doch nicht sein! Da hinten brennen drei Berge, wir wissen nicht, ob Menschen vielleicht ihre Häuser verlieren, und wir sorgen uns um ein paar Liter Milch. Warum schütten wir sie nicht einfach weg?« Nein, Fernando wollte am Abend aus der Milch Ricotta machen. Also gut! Im Hostel angekommen, fragten wir noch mal vorsichtig, ob die Milch nicht für das Frühstück gebraucht werden könnte. »Nein, wir brauchen keine Milch«, war die Antwort. Daraufhin stellte Fernando sie in einem großen Topf auf den Herd. Wir erzählten unseren Freunden von den Erlebnissen des Tages, wie der Brand aussah, und vergaßen dabei komplett den Herd, bis uns dieser typische Geruch verbrannter Milch erreichte. Ich konnte es nicht fassen! Die Milch landete im Napf der Hunde und Fernando schrubbte eine Stunde lang den Herd. War das ein Zeichen? Offensichtlich wollte uns diese Geschichte etwas sagen.

Seit dem Brand haben wir nie wieder Milch oder Joghurt gekauft und sie komplett aus unserer Ernährung gestrichen. Nur der Käse blieb, bis zur nächsten Geschichte, die mein Leben schrieb.

Während all dieser Veränderungen merkte ich, dass mir die neue Ernährung sehr gut tat, aber mein Darm war immer noch belastet, zumal die damalige Indienreise mir wieder die unerwünschten Tierchen beschert hatte. Eines Tages bemerkte ich einen Hautausschlag im Gesicht, der sich steigerte und zu einem Ekzem wurde. Vor Schreck ging ich zum Arzt und bekam Kortison, doch das half mir immer nur für einige Tage. Sobald ich es wegließ, kam der Ausschlag zurück. Also setzte ich die Salbe ab. Mal wieder recherchierte ich und stieß auf viele Ideen hinsichtlich einer Entgiftung des Körpers. Da Haut und Darm in Verbindung stehen, erschien mir das sehr logisch, zeigte mir mein Körper doch, dass er gewisse Lebensmittel wie Milch und Joghurt nicht mehr vertrug. Ich versuchte es mit Aloe-vera-Saft, machte eine Leberreinigung und ging zur Kolon-Therapie. Dort erzählte ich von meiner Parasiten-Vergangenheit und die Therapeutin riet mir, die Bakterien oder Parasiten besser mit Medikamenten zu behandeln. Das wollte ich damals nicht hören, weil ich nicht die geringste Lust auf weitere Antibiotika hatte, und ignorierte ihre Empfehlung. Irgendwann stieß ich auf Grapefruitkernextrakt, den ich mir zur Konservierung von Naturkosmetik gekauft hatte. Den Extrakt probierte ich innerlich und äußerlich, und der Erfolg war am ersten Tag sichtbar. Innerhalb kürzester Zeit konnte ich mir wieder entspannt im Spiegel begegnen.

Trotzdem wollte ich wissen, woher das Ganze kam, und ging zu einer Heilpraktikerin. Sie empfahl mir Walnusstinktur und erwähnte, dass die Ursache eine Übersäuerung sein könnte. Was ich denn so esse, fragte sie mich, und ich erzählte von unserem Projekt, alles selbst zu machen, und von vegetarischer Kost ohne Milch. Als ich jedoch das geliebte, mit Roggensauerteig selbst gebackene Brot mit Käse erwähnte, sagte sie mir, diese Kombination sei für einen übersäuerten Organismus nicht so gut. Gleich erinnerte ich mich an die Ernährungslehre, die ich selbst lange Zeit unterrichtet hatte, an basische Ernährung und Trennkost, an tierische Fette und die Proteine, die im Käse stecken und ihn zu einem säurebildenden Lebensmittel machen.

So begann eine neue Etappe des Erwachens, hatte ich doch über Käse bisher wenig nachgeforscht. Ich fand allerhand Informationen, die mich in gesundheitlicher Hinsicht bedenklich stimmten. Das Unglaublichste für mich war aber die Tatsache, dass viele konventionell gehaltene Kühe Antibiotika bekommen und diese dann im Fleisch und damit auch in Milch und Käse zu finden sind. War ich doch so abgeneigt, weitere Antibiotika gegen Parasiten zu schlucken, und musste nun feststellen, dass ich sie wohlmöglich mit manchem Stück Käse zu mir nahm.

Aber eine Bergtour ohne Käsebrot? Schwer vorstellbar, da musste eine Lösung her. Ich brauchte einen Ersatz für Käse. Seit dem Waldbrand vermisste ich ohne Milch und Joghurt nichts, somit habe ich dafür nie nach Alternativen gesucht. Doch das sollte sich nun ändern, denn bei meiner Suche nach milchfreiem, laktosefreiem Käse stieß ich natürlich auch auf leckere pflanzliche Versionen von Milch, Joghurt, Frischkäse, Sahne und Butter, womit nun dieses Buch so richtig beginnt.

Mein Ziel war es, einen echten fermentierten Käse aus pflanzlicher Milch zu erschaffen. Wichtig waren mir vor allem die natürliche Herstellung mit wenigen Zutaten und eine wirkliche Fermentierung und Reifung wie bei herkömmlichem Käse. In Patagonien waren Probiotika, pflanzliches Lab, auch Xanthan oder andere Bindemittel schwer zu beziehen. Bio-Supermärkte gab es nicht und man konnte auch nirgends Mandelmilch oder Hafermilch kaufen. Ich war darauf angewiesen, einfache Zutaten zu wählen und alles selbst zu machen. Das passte genau zu meiner Überzeugung. Ich wollte keine »gekochten« Käse mit Geliermitteln und Konservierungsstoffen machen, ich wollte keine Fette und Stärke verwenden, die keinen vollwertigen Nährwert haben, und ich wollte nicht mit Geschmacksverstärkern arbeiten oder Zutaten aus dem Chemielabor verwenden, auch wenn es hieß, sie seien pflanzlich. So konzentrierte ich mich auf die Hauptinhaltsstoffe, nämlich die Nüsse und Kerne, und auf wenige selbst gemachte Fermente. Danach hieß es einfach nur: probieren und nochmals probieren.

Bei allen Begebenheiten, die mich an diesen Punkt führten, möchte ich betonen, dass ich wirklich sehr gerne gut esse! Und gutes Essen bedeutet für mich, die Kunst des Kochens mit frischen, natürlichen Zutaten zu genießen. Man könnte wohl sagen, mein Gaumen ist sehr empfindsam, sodass ich mir selbst ein hohes Ziel setzte, um meinem eigenen Anspruch gerecht zu werden. Natürlich versuchte ich anfangs, Käse zu imitieren. Im Laufe der Zeit habe ich mich aber immer mehr in meine Nusslaibe verliebt und festgestellt, dass es ein komplett neues Produkt ist. Daher habe ich irgendwann begonnen, sie »Nusslaibe« oder einfach nur »Laibe« zu nennen, wobei die Bezeichnung eher nebensächlich ist. Ich finde sie alle einzigartig in Geruch, Geschmack und Aussehen, sodass ich davon weggekommen bin, sie mit irgendetwas zu vergleichen. Somit zeigt diese Geschichte nicht nur die Fermentation von Nüssen und Kernen, sondern auch die Transformation, die damit einhergeht.

Bilder folgende Seite oben: Walnusscreme (links),
frischer gepresster Sonnenblumenlaib mit Petersilie (rechts)
unten: Gereifter Mandellaib (links) und gereifter Walnusslaib (rechts)

Teil 1: die Basis

Unser erstes Häuschen in den Bergen Patagoniens, davor ein Walnussbaum

So fing alles an

Vor dem Haus stand ein Walnussbaum. Es war Frühling und die ersten Blätter sprossen. Auf der Farm gab es etwa zwanzig dieser majestätischen Gewächse. Welch Zufall, dachte ich, dass die Heilpraktikerin mir ausgerechnet Walnusstinktur empfohlen hatte und wir »zufällig« Walnüsse im Überfluss hatten. Jedes Jahr kommen Nachbarn und andere Leute zum Einsammeln. Selbst die Hunde und Pferde genießen die herbstliche herabgefallene Köstlichkeit. Wir versuchten, so viele wie möglich zu ernten, da sie sonst am Boden vergammelten. So hatten wir einige Säcke voll gesammelt und getrocknet. Doch was sollte man tun mit so vielen Nüssen? Sicherlich nicht nur eine Tinktur ansetzen.

Ich erinnerte mich an den Spruch: »Die Natur gibt uns alles, was wir brauchen, und meistens finden wir es direkt vor unserer Haustür.« Und was brauchte ich? Einen Ersatz für Käse. Was hatte ich vor der Haustür? Walnüsse. Das ist perfekt, es wird ein »Käse« aus Walnüssen werden. Die Idee fand ich hervorragend, zumal dieser Baum noch dazu gut für meine Gesundheit sein sollte. Sofort machte mich daran, nach Rezepten zu suchen und nachzuschauen, welche Zutaten ich zu Hause hatte.

Eine Anleitung für einen »Käse« aus Walnüssen gab es nicht. Die meisten Rezepte und Beschreibungen, wie man einen »Käse« aus Samen, Nüssen oder Kernen macht, nannten Cashewkerne. Aber ich war es gewohnt, Rezepte abzuändern, weil ich die Zutaten nicht hatte, und ersetzte die Cashewkerne einfach durch meine selbst geernteten Walnüsse.

Mit Probiotika und Milchsäurebakterien zum Fermentieren hatte ich mich damals noch nicht viel beschäftigt. Das Einzige, was ich kannte, war mein Sauerteig, und wir hatten einmal Wasserkefir ausprobiert. In den meisten Käseersatz-Rezepten war von Rejuvelac oder Brottrunk die Rede, das war mir aber in dem Moment alles noch zu viel. Ich wollte eine einfache Methode, um die Nüsse zu fermentieren, und entschied mich für Miso-Paste als Ferment, die ich von unseren japanischen Freunden frisch zu Hause hatte, und ergänzte ein paar Feigen, die mir vom Kefir zur Fermentierung bekannt waren.

Da ich keine Ahnung hatte, welches Aroma fermentierte Nüsse haben, gab ich für den Käsegeschmack vorsichtshalber Bierhefe dazu und natürlich Salz. Zitronensaft zum Haltbarmachen und ein bisschen Olivenöl für den Fettgehalt konnten nicht schaden. So entstand mein erster Versuch mit folgenden Zutaten:

So fing alles an

200 g Walnüsse
4 EL Wasser
2 TL Zitronensaft, frisch gepresst
2 EL kalt gepresstes Olivenöl
2 TL organische Miso-Paste
1 EL Bierhefe
1 getrocknete Feige, klein geschnitten
1 Prise Salz

Ich vermischte alles mit dem Stabmixer, bis ein fester Teig entstand. Daraus formte ich eine Kugel, wickelte diese in ein Käsetuch und beschwerte sie mit einem Stein. Der Teig war so fest, dass keine Flüssigkeit hinauslief. So ließ ich den Laib 24 Stunden an einem warmen Ort fermentieren und lagerte ihn danach (ausgepackt und ohne Stein) zwei Tage zur Härtung im Kühlschrank. Anschließend wälzte ich ihn in Paprikapulver, damit er etwas hübscher aussah.

Dieses Rezept erwähne ich nicht unbedingt, damit es nachgeahmt wird. Ich kann nicht einmal mehr sagen, ob ich die Walnüsse vorher eingeweicht hatte oder nicht! Vermutlich ja, denn sonst wäre wohl mein Stabmixer kaputt gegangen. Ich weiß nur noch, dass das Ergebnis an einigen Stellen schön fest, an anderen ein wenig bröckelig war und man auch noch ein paar Walnussstücke darin entdecken konnte. Man brauchte schon eine gewisse Vorstellungskraft, um sich darunter so etwas wie einen Laib Käse vorzustellen. Doch an eines erinnere ich mich genau, nämlich an den Geruch der nassen Nussmasse. Es war überwältigend, denn es roch nach Käse! Vielleicht eher nach einem kräftigen Frischkäse, aber es faszinierte mich, dass der Geruch feuchter zerkleinerter Nüsse in der Tat an Milchprodukte erinnerte. Auch geschmacklich war ich vollauf begeistert, obwohl ich hier nicht eine solche Ähnlichkeit zu einem Käse bestätigen konnte wie beim Geruch. Die Walnuss hat man wohl herausgeschmeckt, die Konsistenz erinnerte ein wenig an Marzipan, und es lag der salzige, durch die Bierhefe leicht käsige Geschmack auf der Zunge. Eine sehr eigene und besondere Kreation, die es sicherlich zu verbessern galt, für mich aber bereits ein voller Erfolg war!

Begeistert nahm ich meine Kreation zu Freunden mit, die einen Gastronomiebetrieb führten und durchaus experimentierfreudig waren, was Essen und Kochen angeht. »Das ist ein fermentierter Nusslaib«, sagte ich, »und ich glaube, es wäre super, daraus ein neues Produkt zu machen und anzubieten«. Im argentinischen »Land der Kühe« blickten mich daraufhin sechs große Augen ungläubig an, die auf mich wirkten wie: »Diese Deutsche kommt wirklich auf verrückte Ideen!«

Doch der Samen – oder sollte ich besser sagen, die Nuss – war gepflanzt! Die Idee einer neuen Form des Fermentierens, die ein Produkt ähnlich wie Käse ergab, ließ mich nicht mehr los. Sollte es Zufall gewesen sein, dass meine erste Fermentierung ausgerechnet mit der Walnuss geschah, die in der Symbolik der Pflanzen auf Fruchtbarkeit deutet? Ich jedenfalls wusste, egal, was mir andere sagten, dass dieses eigenartige Stück fermentierte Nussmasse, welches ich da fabriziert hatte, etwas ganz Besonderes war.

Nach diesem ersten eher improvisierten Versuch, einen Walnusslaib herzustellen, ging ich jedoch einen Schritt zurück und machte mich erst einmal daran, Milchprodukte wie Joghurt, Sahne und Frischkäse zu imitieren, bevor ich mit dem Fermentieren weitermachte. Es erschien mir der natürliche Weg hin zu meinem Ziel, einen richtigen großen, kiloschweren, leckeren und käsigen Nusslaib zu gestalten. Dadurch lernte ich die Zutaten besser kennen, vor allem welche Eigenschaften die einzelnen Nüsse und Kerne für ein entsprechendes Ergebnis bereitstellen.

Zutaten

Man braucht nicht viel, um laktosefreie Alternativen zu Milchprodukten herzustellen. Je nach Nuss oder Kern ist es nicht einmal teuer. Einige Rezepte, die ich fand, enthielten Zutaten, die mir bisher kaum geläufig waren. Den Großteil fand ich nicht wirklich notwendig, zumindest nicht, um Basisprodukte herzustellen. Mit ganz einfachen Mitteln und Rezepten lassen sich die Grundlagen für Milch, Joghurt, Sahne und Käse auf pflanzliche Art ersetzen.

Wie bereits erwähnt, ist es hier in Patagonien eher schwierig, unkonventionelle oder neuartige Produkte zu bekommen. Daher beschränken sich meine Zutaten auf einfache Lebensmittel. Künstlich oder industriell hergestellte Produkte verwende ich nicht, was auch den Vorteil hat, dass es günstiger ist.

Das Herkunftsland fließt in meine Beurteilung ein, ob ein Produkt als ökologisch gilt oder nicht. Was nützt es, einen Bioartikel zu kaufen, wenn er mit hohem Energieverbrauch um den Globus gereist ist? Ich denke, ein gesunder Menschenverstand und ein wenig Bewusstheit helfen dabei, auch mal auf etwas zu verzichten. Das Gute dabei ist, dass man anderes ausprobiert, in diesem Fall lokale Produkte, und dabei oftmals feststellt, dass sie genauso oder vielleicht sogar noch besser schmecken!

Zudem machte ich die Erfahrung, dass ich echtes Kochen lernte. Mit einer Gewürzmischung ist es leicht, ein Gericht zu würzen. Muss ich aber alles einzeln zusammenstellen, brauche ich schon genauere Kenntnisse über die Bestandteile. Im Folgenden nenne ich die wichtigsten Zutaten, die ich sowohl für Cremes als auch für die Nusslaibe verwende, mit einigen Kommentaren zur Qualität und Anwendung.

Salz

Momentan verwende ich rosa Himalaya-Salz, da es bei mir günstiger als Meersalz und sogar leichter erhältlich ist. Es erscheint mir zwar nicht sonderlich logisch, in Argentinien Salz aus dem Himalaya zu verzehren. Lieber wäre mir ein Produkt aus der Salzwüste Argentiniens oder Boliviens, das nicht rund um den Globus reisen muss. Leider ist dies jedoch nicht erhältlich, und Meersalz ist entweder überteuert oder es hat eine schlechte Qualität. So halte ich die Augen offen für neue Optionen und bleibe vorerst beim rosa Salz, welches auf jeden Fall eine sehr gute Qualität hat.

Wasser

Wasser – ein für uns oft selbstverständlicher Bestandteil beim Kochen und Herstellen von Lebensmitteln. Doch meistens kennen wir die Bestandteile unseres Wassers nicht. Welche Mineralien enthält es? Ist es belastet durch Schwermetalle oder Bakterien?

Chlorhaltiges Wasser würde die für die Fermentation wichtigen Milchsäurebakterien abtöten. Mineralien oder zu kalkhaltiges Wasser können Farbveränderungen hervorrufen.

Verunreinigungen oder Keime im Wasser können einen Pilzbefall der Nusslaibe verursachen. Es entstehen zwar auch bei reinem Wasser Schimmelpilze auf der Rinde, die sich aber leicht beseitigen lassen. Bei größerem Pilzwachstum kann es aber zu erheblichem Arbeitsaufwand kommen. Daher kann es sinnvoll sein, eine Wasseranalyse machen zu lassen. Weil wir in einer ländlichen Gegend mit Landwirtschaft und Viehzucht leben und das Wasser nicht gechlort wird, haben wir tatsächlich Bakterien im Wasser. Daher bauten wir einen Wasserfilter ein, der die Sedimente herausfiltert. Anschließend desinfizieren wir das gefilterte Wasser, und die Analyse ergab, dass es rein und zum Verzehr geeignet ist.

Fermente

Um Joghurt, Käse oder Nusslaibe herzustellen, benötigt man Milchsäurebakterien, die den Gärungsprozess auslösen. Bei der Käseherstellung wird zum Teil und zusätzlich Lab verwendet. Hersteller veganer Produkte nutzen Probiotika, die auf pflanzlicher Basis hergestellt werden, allerdings aus einem Labor kommen. Sicherlich gibt es gute Anbieter, die natürliche Bakterien auf veganen Nährkulturen züchten. Für mich kommt das nicht in Frage. Abgesehen davon, dass ich diese Produkte hier bei mir nicht beziehen kann, fühle ich mich wohler, ein selbst fermentiertes Gemüse zu verwenden, bei dem ich weiß, wie es entstanden ist und was drin ist. Außerdem ist es ganz leicht anzusetzen und kostet fast nichts.

Die einfachste Variante ist der Rejuvelac aus gekeimtem Weizen oder anderem Getreide (s. S. 50). Klassisches Sauerkraut und Sauerkrautsaft dauern etwas länger in der Fermentierung. Unkompliziert und lange haltbar sind dagegen verschiedene milchsauer eingelegte Gemüse. Weitere Gemüsefermente sind Kimchi und Umeboshi. Die Rezepte dafür sind ab S. 144 zu finden. Außerdem kann man den Nusslaiben mit Miso-Paste und fermentiertem Tofu entsprechende Milchsäurebakterien zuführen. Dazu mehr im folgenden Abschnitt.

Sojaprodukte

Ein Soja-Fan bin ich nicht unbedingt, vorrangig, weil es mir nicht sonderlich gut schmeckt. Nachdem ich aber hier in Argentinien mit eigenen Augen die überfluteten, brachliegenden Anbauflächen für genmanipuliertes Soja gesehen habe, mit den Folgen für die Bevölkerung, habe ich beschlossen, diesen Markt nicht zu unterstützen. Es wird weltweit sehr wenig Bio-Soja angebaut, sodass man genau informiert sein muss, woher die Sojabohne kommt, die man verwendet.

Das einzige Sojaprodukt, das ich wirklich mag, ist Miso-Paste. Sie schmeckt als Suppe, und natürlich enthält sie viele gute Bakterien, um Nusslaibe zu fermentieren. Miso-Paste hat mehr Eigengeschmack als Ferment, was natürlich das Aroma des Endproduktes beeinflusst. Ich verwende nur die Bio-Version meiner japanischen Freunde, für die ich sehr dankbar bin. Dieses selbst gemachte Miso hat einen sehr speziellen Geschmack und ist eher grob, manchmal stellen meine Freunde sogar Miso aus Erbsen oder Dicken Bohnen her, was mir besser gefällt als aus Soja.

Sicher findet man eine gute Miso-Paste auch im Bioladen. Dabei auf die Inhaltsstoffe achten, oft sind sie nämlich pasteurisiert und enthalten nicht die nützlichen Bakterien, die wir zur Fermentierung brauchen. Ein lokal hergestelltes Produkt würde ich einem importierten vorziehen. Vielleicht findet sich auch ein gutes japanisches Restaurant in Ihrer Nähe, dessen Koch Miso selbst herstellt und verkauft? Die Option »selbst machen« ist eine Alternative, wobei in diesem Fall etwas aufwendiger. Tokiko, meine japanische Freundin, hat mir ihr Rezept zur Verfügung gestellt (s. S. 150).

Von Tofu wird oft behauptet, er sei eine Art »Käse«. Die Herstellung von Tofu beinhaltet aber keinen Fermentierungsprozess. Asiaten essen Tofu oft eingelegt, mariniert oder auch fermentiert. Letzteres fand ich natürlich spannend für die Nusslaibherstellung. So habe ich einmal im Barrio Chino, dem Chinesenviertel, in Buenos Aires einen fertig fermentierten Tofu im Glas gekauft, weil ich wissen wollte, wie er »original« schmeckt. Nun, vielleicht habe ich die falsche Marke erwischt, aber ich fand ihn fast ungenießbar. Deshalb fermentiere ich Tofu ausschließlich selbst (s. S. 60). Ich verwende ihn für einen blauschimmelähnlichen, sehr kräftigen Nusslaib.

Zitrone

Zur Konservierung nicht fermentierter Cremes verwende ich Zitronensaft. Anfangs verarbeitete ich ihn auch in den fermentierten Nusslaiben, was ich heute nicht mehr tue. Der Zitronensaft verleiht ihnen einen säuerlichen Geschmack, den sie als fermentierte Lebensmittel sowieso schon haben. Bei der Haltbarkeit habe ich keinen Unterschied festgestellt: Da sie fermentiert und gereift sind, halten sie sich mit und ohne Zitrone sehr lange.

Hefeflocken

Hier lohnt ein Blick auf die Inhaltsstoffe. Es gibt echte natürliche Bierhefe, die allen entsprechenden Produkten vorzuziehen ist, obwohl manche Versionen sehr eigen schmecken. Dann gibt es Hefeflocken, bei denen man darauf achten sollte, dass sie nicht mit Weizenflocken vermischt wurden und keine Geschmacksverstärker enthalten. Außerdem gibt es sie in Pulverform, der meistens etwas Künstliches zugesetzt wurde.

Anfangs konnte ich mir keinen Nusslaib ohne Hefeflocken vorstellen. Auch die herzhaften Cremes mussten immer Hefeflocken enthalten, da sie mir wahrscheinlich den Käsegeschmack ersetzten. Heute nutze ich sie kaum noch. Ich habe mich wohl des Käsegeschmacks entwöhnt und weiß die Aromen der einzelnen Nüsse und Kerne mehr zu schätzen. Somit enthalten lediglich die herzhafte Sonnenblumencreme (s. S. 47), der Hartgereifte Laib (s. S. 82) und der Pizza-Aufstrich (s. S. 172) ein paar Löffel Hefeflocken.

Kräuter und Gewürze

Es geht nichts über frische Kräuter aus dem Garten. Das Aroma macht den Unterschied, vor allem bei Cremes oder für den allseits bekannten Kräuterquark. Basilikum, Petersilie und Schnittlauch sind die Klassiker, gefolgt von Oregano, Salbei und Thymian, aber auch frischer Rosmarin, Koriandergrün und Rucola geben ihre speziellen Noten dazu.

Für den Vorrat trockne ich Kräuter selbst. Ich habe festgestellt, dass sie aromatischer als abgepackte Kräuter sind. Natürlich ist es nicht immer möglich, alles selbst zu machen, dann kaufe ich in unserer Dietética. Dort werden die Kräuter lose nach Gewicht angeboten.

Es ist ein großer Unterschied, ob man getrocknete oder frische Kräuter zum Fermentieren verwendet. Die frischen Kräuter gehen einen anderen Fermentationsprozess ein als getrocknete und der Geschmack verändert sich mit der Reifung. Bei frischen Kräutern sollte man darauf achten, dass sie entweder sauber sind – was man wohl nur bei eigener Produktion beurteilen kann. Ansonsten wasche ich sie – insbesondere wenn ich sie zum Fermentieren nutzen will – mit gereinigtem, möglichst keimarmem Wasser. Getrocknete Kräuter sollten nicht zu alt sein, da sie dann an Geschmack verloren haben.

Neben Kräutern kann mit gemahlenen Gewürzen gearbeitet werden. Ob schlichtes Paprikapulver oder ein exotisches Curry, der Kreativität und dem Geschmack sind keine Grenzen gesetzt. Zu beachten ist, dass ein Pulver den Laib verfärbt und sich der eigentliche Geschmack der Nuss oder des Kernes verliert. Ich bevorzuge die schlichte, eher neutrale Variante mit Kräutern, außer ich möchte für eine bestimmte Gelegenheit Farbe ins Spiel bringen.

Für einen scharfen Touch sorgt Chili, am besten funktionieren getrocknete Schoten oder crushed pepper, getrocknete und zerstoßene Chilischoten. Man sollte ihn vorsichtig verwenden und vorher genau probieren, wie scharf er wirklich ist, da es große Unterschiede gibt. Mein Eindruck ist, dass er durch die Fermentation eher ein wenig an Schärfe verliert. Hervorragend eignet sich natürlich auch Pfeffer. Besonders attraktiv sehen die frischen Laibe aus, wenn sie darin gewälzt werden. Ein Klassiker!

Wurzeln

Ausprobiert habe ich frischen Ingwer, der fermentiert sehr streng schmeckt. Kurkuma nutze ich nur gemahlen für den Pizza-Aufstrich (s. S. 172), da dieser dann schön gelb wird und schmackhafter aussieht. Meerrettich ist hier bei mir schwer zu bekommen, würde aber bestimmt einen sehr guten Geschmack erzielen, vor allem auch für frische Cremes. Mit Wasabipulver habe ich kleine gereifte Nusslaibe ausprobiert, und zwar marmoriert, was durch die grüne Farbe sehr interessant aussah und geschmacklich dem Meerrettich ähnelt (s. Foto S. 153 und Rezept S. 158).

Knoblauch

Die wohl beliebteste Knolle ist der Knoblauch und auch bestens geeignet als Zutat, zum Beispiel für Kräutercremes. Für die Nusslaibherstellung verwende ich nur den in Honig fermentierten Knoblauch (s. S. 147). Er ist wesentlich milder als frischer Knoblauch und dient mir gleichzeitig als Ferment. Nimmt man ihn für Nusslaibe, sollte man auf die Menge achten. Man braucht nur wenig, denn durch die Fermentation des Knoblauchs ist der Geschmack sehr kräftig und wird erst mit der Reifung milder.

Cremes und Laibe kann man natürlich auch mit frischem Knoblauch würzen. Auch Zwiebeln kann man sicher gut verwenden. Ich habe damit noch nicht experimentiert, da sie mir ein wenig zu streng sind. Was den Zwiebelgeschmack angeht, bin ich mit Schnittlauch bestens zufriedengestellt.

Senf

Es gibt tolle Rezepte für selbst gemachten Senf, die sich noch dazu wirklich schnell und einfach zubereiten lassen. Ich verwende nur meinen eigenen Senf, den ich aus Senfkörnern mit Vollrohrzucker oder Feigen herstelle.

Im Supermarkt gibt es viele Senfsorten, die industriell hergestellt werden und wohl nicht ohne Geschmacksverstärker, Aromastoffe oder Konservierungsstoffe auskommen. Bei gekauftem Senf würde ich auf ein hausgemachtes Produkt eines lokalen Herstellers zurückgreifen, das möglichst wenig künstliche Zusatzstoffe enthält.

Getrocknetes Obst und Gemüse

Datteln, Feigen oder Rosinen sind hervorragend zum Süßen geeignet. Eine frische Cashewcreme mit Datteln schlägt jeden Fruchtjoghurt. Verwendet man getrocknete Früchte für Rohkost-Torten, braucht man keinen Zucker mehr. Es ist unglaublich, wie leicht man so auf jegliche Art von konzentriertem Zucker verzichten kann.

Durch getrocknete Tomaten oder Pilze bekommen herzhafte Cremes eine schöne Farbe und eine leckere Abwechslung. Oliven sind auch sehr gut verwendbar. Man benötigt nur wenig für einen kräftigen Geschmack. Mir sind die getrockneten schwarzen, etwas schrumpeligen Oliven am liebsten. Bei uns werden sie »aceitunas griegas«, griechische Oliven, genannt, obwohl sie auch in anderen Ländern hergestellt werden, und sie sind übrigens fermentiert. Sie werden in Meersalz eingelegt, ähnlich wie man Sauerkraut herstellt, und dann für einige Zeit gelagert, bis sie ihre Flüssigkeit verloren haben und schrumpelig geworden sind.

Frisches Obst und Gemüse

Frisches Obst und Gemüse verwende ich hauptsächlich für die verschiedenen Fermente. Doch sie sind auch hervorragend zur Cremeherstellung geeignet. Von Möhren über Paprika bis zu Spinat bei Herzhaftem oder von Brombeeren und Äpfeln bis zu Bananen in einer süßen Cashewcreme ist alles möglich. Ich bevorzuge Gemüse und Obst aus ökologischem Anbau, möglichst von Bauern aus unserer Gegend.

Algen

Die wohl bekanntesten Algen in Pulverform sind Spirulina und Chlorella. Sie eignen sich gut zum Färben der Nussmasse. Geschmacklich muss ich sagen, dass sie mir nicht sehr zusagen. Anfangs habe ich Spirulina für eine Imitation von Blauschimmelkäse verwendet, später jedoch darauf verzichtet, weil mir der Geschmack zu streng war. Heute verwende ich nur ganz wenig Chlorella für einen visuellen Touch, der eher grün als blau ist. Gesundheitlich finde ich die beiden Algen allerdings sehr wertvoll, ziehe es aber vor, sie dann in Kapselform zu nehmen, wenn mein Körper sie braucht, anstatt sie ins Essen zu mischen. Das ist natürlich Geschmackssache. Andere getrocknete Algen wie Wakame oder Nori können durchaus in Aufstrichen oder Nusslaiben verarbeitet werden. Für Gerichte mit Hülsenfrüchten verwende ich die Kombualge, der man nachsagt, sie fördere eine leichtere Verdaulichkeit von Linsen und Co.

Öle und Fett

Das einzige »Fett«, welches ich verwende, sind Avocados. Sie sind super geeignet für eine herzhafte Mayonnaise-Creme und ich habe sie für Rohkost-Torten ganz neu entdeckt. Ob Lemonpie oder Schokotorte, die Avocado darin ist umwerfend. Leider ist sie in den letzten Jahren sehr populär geworden und wird oft in Monokultur angebaut. In Gegenden, wo genügend Wasser zur Verfügung steht, mag das noch in Ordnung sein. Bei uns kommen Avocados meist aus Chile, wo sie in der Wüste angebaut werden und den Einwohnern das wenig vorhandene Wasser wegnehmen. Seit ich das weiß, habe ich den Konsum stark eingeschränkt.

Olivenöl und andere Öle habe ich zwar zu Hause, verwende sie aber weder bei der Herstellung von Cremes noch für fermentierte Laibe. Die Nüsse und Kerne besitzen an sich viel pflanzliches Fett, welches vollkommen ausreichend ist. Ziel ist es schließlich, ein leicht verdauliches Produkt zu schaffen. Weder für den Geschmack noch für die Konsistenz ist es nötig, Öl zuzufügen. Für getrocknete und länger gereifte Laibe eignet sich Öl auch deshalb nicht, weil es ranzig werden kann.

Kokosöl verwende ich nur, um Butter zu ersetzten. Mein Rezept für Kokosbutter nenne ich auf S. 173, damit alle Milchprodukte einen Ersatz finden. Diese Kokosbutter ist in meinem Umfeld ein erfolgreicher und beliebter Butterersatz geworden.

Verdickungsmittel

Die Begriffe Agar-Agar, Xanthan, Carrageen, Guarkernmehl oder Johannisbrotkernmehl und vieles mehr tauchen häufig bei der veganen Käseersatzherstellung auf, sowohl in Rezepten als auch in fertigen Produkten. Sie mögen ihre Vorteile haben, auch auf Pflanzen basieren, natürlich hergestellt und bio sein. Doch kann ich mich für sie nicht begeistern. Mal abgesehen davon, dass ich sie anfangs nur schwer beziehen konnte, hatte ich sie dann irgendwann ergattert und ausprobiert, um festzustellen, dass mir meine eigenen Nusslaibe mit diesen Zusätzen nicht mehr schmeckten. Die Konsistenz war entweder puddingartig oder wie Gummi. Der Geschmack hatte etwas Künstliches an sich. Außerdem stellte ich fest, dass sie schneller schlecht wurden als die fermentierten Laibe ohne Verdickungsmittel. Das war für mich das Aus, und ich kehrte zur Basis zurück: so einfach wie möglich mit wenigen Zutaten!

Tapiokastärke ist das einzige Bindemittel, welches mir zusagt. Es ist eine resistente Stärke, die unverdaut in den Darm gelangt und dort die Darmbakterien positiv unterstützt. Sie entsteht bei der Herstellung von Maniokmehl und ich verwende sie im Pizza-Aufstrich (s. S. 172).

Zucker

Süßungsmittel werden bei der Nusslaibherstellung grundsätzlich nicht verwendet. Wenn ich mal Zucker brauche, habe ich Vollrohrzucker nach Mascobado-Art im Haus. Honig verwende ich nur, wenn ich weiß, wer ihn produziert hat. Ein Freund von uns ist Imker und seine Bienen leben auf Biofarmen, kommen ohne Antibiotika aus und erhalten genug ihrer eigenen Nahrung. Es gibt natürlich Ahornsirup, Agavensirup und andere Alternativen. Mittlerweile habe festgestellt, dass sich getrocknete Früchte wie Datteln, Feigen und auch Rosinen hervorragend als Ersatz für Zucker eignen.

Getreide

Getreide – hier immer Vollkorn, weil das Korn gekeimt wird – benötigt man, um Rejuvelac herzustellen (s. S. 50). Meistens verwende ich dafür Weizen. Dieser schmeckt mir am besten, denn ich trinke Rejuvelac auch als Enzymwasser, um meinem Körper Probiotika zuzuführen. Genauso eignen sich Roggen, Dinkel, Gerste oder Hafer. Wer auf Gluten empfindlich reagiert, kann Rejuvelac auch aus glutenfreiem Getreide oder Preudogetreide herstellen, zum Beispiel aus Vollkornreis, Buchweizen, Amarant oder Quinoa. Bei Vollkornreis dauert die Keimzeit etwas länger, auch der Geschmack variiert je nach verwendetem Korn. Als Getränk ist Rejuvelac eventuell gewöhnungsbedürftig. Mit etwas Zitronensaft schmeckt es gleich frischer und angenehmer.

Nüsse und Kerne

Die wichtigsten Bestandteile der Nusslaibe und Cremes sind selbstverständlich die Kerne, Nüsse, Samen, Saaten, auch Früchte genannt. Welche man am besten verwendet, hängt von dem Geschmack und der Konsistenz ab, die man erzielen möchte. Jeder Kern hat seine eigene Fähigkeit, eine feine oder eher grobe Creme zu erschaffen. Der Geschmack ist sehr unterschiedlich, nicht nur beim Vergleich verschiedener Kerne, sondern auch zwischen Rohzustand der Nuss, einer daraus hergestellten frischen Creme und einem fermentierten Laib, der sich auch entsprechend der Reifezeit noch sehr in Geschmack und Konsistenz verändert. Ich finde es sehr spannend, welch verschiedene facettenreiche Geschmacksnoten man erreichen kann, sodass es nicht langweilig wird, immer wieder neue Laibe auszuprobieren. Mein Hauptziel war es, eine Vielfalt durch unterschiedliche Nüsse und Kerne zu erreichen. Geschmacksvariationen durch Gewürze habe ich erst viel später ausprobiert. Vorerst wollte ich herausfinden, wie sich die einzelnen Nüsse verhalten und was sie mir ganz natürlich zu bieten haben.

Nüsse und Kerne sind nicht unbedingt die günstigsten Nahrungsmittel. Daher spielt der Preis auch eine Rolle, vor allem, wenn man Milchprodukte komplett damit ersetzen möchte. Betrachtet man allerdings das Endprodukt, ist der Preis relativ, da es einen hohen Nährwert hat und gesund ist. Vielleicht vergleichbar wie bei Weißbrot und Vollkornbrot: Weißbrot mag billiger sein, aber man isst davon auch deutlich mehr und das bei geringem Nährwert. Bei den Nusslaiben verhält es sich ähnlich. Man schneidet nur kleine Stückchen ab, die wesentlich mehr nähren als ein großzügig geschnittener herkömmlicher Käse. Nusslaibe sättigen besser und daher verzehrt man weniger.

Einige Kerne sind vorbehandelt, meistens mit Hitze, um sie von den Schalen zu lösen. Manche muss man selbst vorbehandeln, wie Mandeln, die ich hier bei uns nur mit der braunen Haut bekomme. Darauf ist beim Einkauf zu achten, genauso wie auf unterschiedliche Qualitäten. Sammelt man Walnüsse oder Haselnüsse selbst, müssen diese erst einige Wochen lang getrocknet werden. Dazu hängt man sie am besten in luftdurchlässigen Säcken auf oder lagert sie auf einem Holzrahmen mit Gitter an einem trockenen Ort. Sie sollten von Zeit zu Zeit bewegt und auf muffigen Geruch, Schimmel, Löcher oder Verfärbungen kontrolliert werden.

Ob gekauft oder selbst getrocknet und geknackt, möchte man sich einen Vorrat anschaffen, sollte man immer darauf achten, dass die Nüsse und Kerne kühl, trocken und dunkel gelagert werden. So halten sie sich gerne ein halbes Jahr oder länger.

Es wird immer wieder von Schimmelpilzen auf Nüssen und Kernen berichtet. Normalerweise erkennt man schlecht gewordene Nüsse an Schimmelpilzgewebe, was gespinstartig die Nuss umhüllt, oder an einer für die Nuss untypischen Verfärbung oder einem untypisch bitteren Geschmack. Schlecht gewordene Nüsse sollte man auf keinen Fall verzehren und auch nicht an Tiere verfüttern.

Schimmelpilze der Gattung Aspergillus befinden sich auch auf dem Erdboden und können sich daher beim Anbau von Nahrungs- und Futtermitteln verbreiten. Sie sind zwar bereits beim Pflanzenwachstum vorhanden, vermehren sich aber hauptsächlich durch falsche Ernte, Trocknung, Lagerung oder falschen Transport. Außerdem sind sie vorwiegend in tropischen Gebieten bei Temperaturen von über 25 °C und hoher Luftfeuchtigkeit in Lebensmitteln oder Futter zu finden. Einige Arten dieses Pilzes, zum Beispiel Aspergillus flavus, können Mykotoxine wie die Aflatoxine bilden, die für Mensch und Tier gesundheitsgefährdend sind. Diese können in unterschiedlichsten Lebensmitteln auftauchen, nicht nur bei Nüssen, sondern auch bei Obst, Gemüse, Getreide, Kaffee, Wein, Gewürzen, Milchprodukten und anderen Tierprodukten. Unsere Lebensmittel werden allerdings Kontrollen unterzogen, wenn auch nur stichprobenartig, um befallene Lebensmittel im Handel zu vermeiden.

Nicht zu verwechseln ist Aspergillus flavus mit der zur selben Art gehörenden Varietät Aspergillus flavus var. oryzae. Dies ist ein gesunder Edelschimmelpilz, der unter anderem für die Herstellung von Miso-Paste verwendet wird. Es gibt Studien, bei denen A. oyzae eingesetzt wird, um die Verbreitung von A. flavus einzudämmen. In der Landwirtschaft wird dies bereits in einigen Ländern praktiziert. Fermentieren wir einen Nusslaib mit Miso-Paste, kommt uns das zugute. Hier sei erwähnt, dass durch die Fermentation ein Milieu mit pH-Wert unter 4 entsteht, in dem unerwünschte Keime und Pilze keine Überlebenschancen haben. Außerdem benötigen die meisten Pilze Sauerstoff zur Weiterentwicklung. Die bei der Fermentation entstehenden Milchsäurebakterien schaffen also ein gesundes anaerobes Milieu, wodurch diese Lebensmittel bei richtiger Lagerung auch so lange haltbar sind (s. S. 60 und S. 178).

Cashewkerne

Auf meiner Suche nach dem »Großen Laib« kam ich um Cashewkerne nicht herum. Als ich sie das erste Mal probierte, hatte ich nur einen Stabmixer, mit dem nicht mal eine super feine Creme gelang, aber ich verliebte mich in diese leckeren Samen. Neben Macadamianüssen können sie die wohl cremigste Konsistenz aller Kerne und Nüsse erreichen. Ihr Geschmack ist relativ neutral, wodurch er am ehesten an Milchprodukte erinnert. Bei meiner heutigen Ernährungsform kann ich mir nur schwer vorstellen, ohne sie auszukommen.

In Argentinien lebend, habe ich das Glück, die Kerne aus dem Nachbarland Brasilien beziehen zu können, womit sie zumindest vom selben Kontinent kommen. Trotz allem legen sie bis zu meiner Haustür einen weiten Weg zurück und sind nicht unbedingt die günstigsten. Ich nehme dies in Kauf, habe jedoch im Laufe der Zeit immer wieder für Abwechslung gesorgt und mich nie nur auf Cashewkerne fixiert, denn es gibt sehr schmackhafte Alternativen.

In der Schale der Nüsse befindet sich ein giftiges Öl. Um es zu entfernen, werden Cashewkerne üblicherweise zweimal mit Hitze vorbehandelt. Rohkostqualität haben sie nur dann, wenn sie aufwändig von Hand geschält werden. Daher gibt es kaum rohe Cashewkerne im Handel, auch wenn sie manchmal so angepriesen werden. Für die Fermentierung ist es jedoch egal, ob dieser Kern Rohkostqualität hat oder nicht.

Außerdem heißt es, dass Cashewkerne eher anfällig für Schimmel seien als andere Nüsse. Ich kaufe sie in 20-Kilo-Kisten und muss sagen, sie sind mir in all den Jahren nicht einmal schlecht geworden. Vielleicht, weil ich sie zügig verbrauche, aber meiner Erfahrung nach sind sie weniger anfällig als zum Beispiel die Erdnuss.

Bevor man bei einem Großhändler bestellt, macht es Sinn, sich ein wenig mit der Qualität auseinanderzusetzen. Mein Lieferant hat 23 verschiedene Cashewkern-Varianten! Es gibt sie als ganze Kerne oder als Cashewbruch, längs oder quer gebrochen, nur einmal gebrochen oder zerkleinert bis hin zu Mehl, es gibt große, mittlere und kleine – und dementsprechend zig verschiedene Preise. Man unterscheidet die Qualität auch entsprechend der Farbe, die je nach Vorbehandlung unterschiedlich ist. Wurden die Nüsse zu sehr erhitzt, sind sie dunkler und haben dunkle Flecken, sehen also an einigen Stellen ein bisschen verbrannt aus. Das ist für mich das wichtigste Kriterium. Ganze Cashewkerne sind sehr teuer, und da ich sie sowieso zerkleinere, ist es mir nicht wichtig, ganze oder große Kerne zu verwenden. Wurden sie stark zerkleinert, könnte der Kern an Nährwert verlieren, oder es sind lediglich Reste von Cashewkernen. Sehr kleiner Bruch oder auch Mehl schimmeln schneller als ganze Kerne. So wähle ich normalerweise eine mittelgroße Qualität, einmal zerbrochen, meistens längs, und vor allem ohne Verfärbungen.

Stefanie Horn

Natürlich fermentierte Nüsse

Die Entstehung gereifter Nusslaibe

Wie ich in Patagonien etwas komplett Neues entdeckte

Pistazien

Auch Pistazien zählen zu den feinen und eher teuren Nussfrüchten. Als Ersatz für Kürbiskerne habe ich sie einmal verwendet, um den Blauschimmel-Look zu imitieren, denn die Pistaziencreme ist aufgrund der natürlichen Farbe der Kerne grün. Beim Einweichen ziehen sie außerordentlich viel Wasser, was sie sehr weich macht, und es entsteht eine sehr cremige Masse. Die dünne Haut habe ich gar nicht erst versucht abzuziehen, und man merkt sie nicht, weder hinsichtlich der Farbe noch der Konsistenz. Pistazien sind für besondere Anlässe gut geeignet sowie für Cremes oder Torten.

Haselnüsse

Die bekannte Nuss für Schokolade und Brotaufstrich. Meine ersten Versuche gingen auch in diese Richtung und erst später habe ich einen Nusslaib mit Haselnüssen ausprobiert. Diese Nüsse haben einen sehr kräftigen Geschmack und sind oft ein bisschen bitter. Das hängt sicher mit der Qualität zusammen und ob sie mit oder ohne die braune Haut verarbeitet werden. Der gereifte Nusslaib verliert den bitteren Geschmack, wenn aber die Reifezeit kurz ist oder keine Reifung stattfindet, würde ich lieber Haselnüsse ohne Haut verwenden. Anders als bei Mandeln lässt sich diese mit kochendem Wasser fast gar nicht lösen. Besser ist es, sie zu rösten, damit die Haut aufspringt und abgerubbelt werden kann. Mir ist das zu viel Aufwand, daher lasse ich die braune Haut einfach dran, wenn ich Haselnüsse verwende. Man sollte Haselnüsse immer prüfen, damit keine verschimmelten Nüsse dabei sind. Wegen der dunklen Farbe sieht man es auf den ersten Blick oft nicht. Geschmacklich haben sie durchaus ihren Stellenwert, vor allem in süßen Cremes, aber auch als gereifter Nusslaib.

Kürbiskerne

Kürbiskerne sind speziell und sehr streng im Geschmack, wenn man sie als Creme verarbeitet. Pur sind sie mir zu intensiv und auch die Konsistenz ist durch ihre vergleichsweise harte Haut nicht ganz so cremig. Ich habe sie bisher nur mit anderen Kernen gemischt verwendet. Entweder für einen halbe-halbe Cashew-Kürbiskern-Laib oder um einen Blauschimmeleffekt zu erzielen, bei dem die Cashewcreme mit Kürbiskerncreme marmoriert wird. Wegen ihrer grünen Farbe kann man sie gut für visuelle Effekte einsetzen.

Pinienkerne

Diese beliebten Kerne zum Verfeinern italienischer Gerichte hatte ich mir bestens für die Nusslaibproduktion vorgestellt. Sie haben viel Fett und sind schön weiß. Allerdings hatte die Creme einen sehr eigenen Geruch und intensiven Geschmack. Vielleicht sind sie besser geeignet, wenn man sie mit Cashewkernen oder anderen Kernen mischt, um eine cremige Konsistenz zu erzielen und nur einen Hauch ihres Geschmacks beizumischen. Ein reiner fermentierter Pinienkernlaib ist geschmacklich sehr speziell. Vielleicht kommt es auch auf die Sorte Pinienkerne an. Ein Nusslaib aus Zedernüssen erzielte bei mir allerdings ein ähnlich ungewöhnliches Ergebnis.

Hanfsamen

Über ein Müsli mit Früchten gestreut, sind Hanfsamen sehr schmackhaft und haben noch dazu gute Nährstoffe. Meinen Versuch, einen fermentierten Hanflaib zu machen, kann ich leider nicht als Erfolg bezeichnen. Schon die fermentierte Masse hatte einen strengen Geruch, der lange Zeit eher unangenehm in meiner Speisekammer hing. Die Masse wurde sehr flüssig und ließ sich schwer trocknen. Als sie nach zwei Monaten eine leichte Rinde hatte, konnte man den kleinen Laib endlich anfassen. Er war sehr fett, die Konsistenz war nun ganz in Ordnung, aber geschmacklich schon sehr gewöhnungsbedürftig. Dies ist jedoch lediglich meine Erfahrung. Vielleicht müsste man auch hier eine andere Qualität der Samen suchen, um eventuell bessere Ergebnisse erzielen zu können.

Chiasamen und Leinsamen

Chiasamen verwende ich meistens unpüriert zum Marmorieren von Nusslaiben. Sie geben den Laiben Konsistenz und haben einen netten knackigen Effekt. In Wasser eingeweicht, verwandeln sie sich in eine Art Pudding, den man mit Cashewcreme und Kakao in eine gesunde Süßspeise verwandeln kann. Zur Nusslaibherstellung dienen mir Chiasamen nicht. Die Konsistenz der pürierten Masse war sehr wabbelig und es hat lange gedauert, bis die Laibe ein wenig fester geworden sind. Ihre Form haben sie dabei nicht behalten und die Masse war sehr bitter.

Aus Leinsamen kann man ein sehr nahrhaftes Getränk machen, gleichsam einer Milch. Eingeweicht ergeben sie eine gelartige Masse, die gerne in Müsli oder Frischkornbrei verwendet wird. Genauso wie Chiasamen sind sie für die Nusslaibherstellung nicht geeignet. Jedenfalls konnte ich bei meinem Versuch nicht die nötige Konsistenz erreichen und der bittere Geschmack war eher unangenehm.

Andere Nussarten

Es gibt einige Kerne, die ich noch nicht ausprobiert habe, hauptsächlich weil sie hier bei uns schwer erhältlich sind. Die Pekannuss ähnelt ein wenig der Walnuss und wäre sicher einen Versuch wert. Ob sie wohl bei der Fermentierung die gleiche Farbveränderung wie die Walnuss durchläuft? Paranüsse funktionieren ganz bestimmt und ergeben sicherlich schmackhafte Laibe. Dann gibt es die Erdmandeln, aus denen vor allem in Spanien Erdmandelmilch hergestellt wird. Über Esskastanien habe ich schon öfters nachgedacht. Sie können auch roh gegessen werden. Nimmt man die Arbeit des Schälens in Kauf, klingt ein Maronen-Nusslaib durchaus verlockend.

»Nussarbeit« wird es leicht milchig, doch das geringe Gewicht überzeugt. Achten Sie auf BPA-freien Kunststoff (Bisphenol-A-frei). In älteren Mixbehältern kann diese Substanz noch enthalten sein. Beim Mixen erwärmt sich eine Nusscreme allerdings nur auf 25 – 28 °C und BPA löst sich erst bei höheren Temperaturen aus dem Material.

Es gibt Blender mit vielen Programmen, die meines Erachtens gar nicht notwendig sind. Einschalten und Ausschalten sollten reichen, unterschiedliche Geschwindigkeiten und wenn möglich ein automatisches Abschalten nach etwa einer Minute, damit sich der Blender nicht überhitzt. Wobei er zusätzlich eine Sicherheitsvorrichtung haben sollte, damit er sich automatisch abschaltet, wenn er zu sehr in Anspruch genommen wurde. Man darf nicht vergessen, dass Nüsse und Kerne sehr hart sind und der Mixer schon einige Kraft und Ausdauer braucht, je nachdem, wie sehr man ihn nutzen möchte.

Bei einem Blender ist nicht nur die Wattzahl entscheidend, sondern auch die Umdrehungen des Motors. Ich verwende, seit ich die großen Nusslaibe herstelle, einen Standmixer mit 1500 Watt und 28 000 Umdrehungen pro Minute. Es muss aber nicht gleich der stärkste sein, vor allem wenn man nicht professionell damit arbeiten möchte. Für den Hausgebrauch gibt es durchaus erschwingliche Modelle, die eine tolle Leistung bringen.

Tücher und Sprossenbeutel

Für Nussgetränke oder das Pressen der Nusslaibe benötigt man Tücher, um die Flüssigkeit zu filtern und die Nussmasse im Tuch aufzufangen. Das können möglichst unbehandelte Baumwolltücher oder Mulltücher sein, die man vor Gebrauch immer auskochen muss. So weit erhältlich, kann man auch Einweg-Passiertücher verwenden. Doch sind diese nicht gerade billig, belasten die Umwelt und persönlich habe ich das Gefühl, dass ein echtes Baumwolltuch zusätzlichen zu einem guten Geschmack beiträgt. Sprossenbeutel verwende ich für die Herstellung von Fermenten oder zum Einweichen von Kernen. Auch für Nussgetränke kann man sie gut gebrauchen.

Formen, Behälter, Spachtel und Teigkarte

Anfangs genügen einfache Plastikbehälter. Die ersten zwei Jahre habe ich selbst die gepressten Nusslaibe in chinesischen Bambus-Dampfgarkörben hergestellt. Mehr über professionelle Käseformen und Käseringe ab S. 93 und S. 110.

Silikonspachtel sind sehr nützlich, um auch den letzten Rest Nussmasse aus dem Behälter zu kratzen. Doch werden sie im Laufe der Nusslaibherstellung auch sehr wichtig, um Käse zu modellieren und zu pflegen. Eine Teigkarte ist sehr praktisch, um Oberflächen glatt zu streichen. Ich verwende diese hauptsächlich bei der Ringtechnik (s. S. 110).

Nicht fermentierte Cremes

Nachdem ich mich über Nüsse informiert und die notwendigen Zutaten und Utensilien beschafft hatte, galt es zunächst, verschiedene Cremes auszuprobieren, mit denen ich Milch, Joghurt, Quark, Frischkäse und Sahne ersetzen konnte.

Ich war absolut fasziniert vom Geschmack, den die eingeweichten Nüsse, mit Wasser im Mixer zerkleinert, ergaben. Es war eine völlig neue Erfahrung, da ich Nüsse bisher nur als Studentenfutter, Bestandteil von Müsli, mit Schokolade überzogen, in einer Nuss-Nougat-Creme oder samt Schale vom bunten Teller zu Weihnachten kannte. Nie hatte ich sie eingeweicht und daraus etwas Neues entstehen lassen. Beim Erstversuch »Walnusslaib« war mir bereits der käsige Geruch der feuchten Masse aufgefallen. Als ich aber das erste Mal Cashewkerne als Creme verarbeitet hatte, war ganz klar, dass dies zugleich Milch, Sahne, Joghurt und Frischkäse ist. Eine cremige Konsistenz wie Sahne, ein Geruch wie Frischkäse, weiß wie Milch und ein Geschmack wie Sahnejoghurt, obwohl ..., es schmeckt besser als Sahnejoghurt!

Leicht geschäumter Cashew-Kaffee, eingeweichte Walnüsse und Himbeeren mit Cashew-Schlag

Vorgeschichte

Schon immer liebte ich gutes, frisch zubereitetes Essen! Als ehemalige Berufssportlerin war mir eine gesunde, natürliche Ernährung, die mir genügend Energie für meine Arbeit bereitstellte, wichtig. Fleisch hatte ich schon in sehr jungen Jahren von meinem Speiseplan verbannt, aus dem einfachen Grund, weil es mir nicht schmeckte. Fisch gab es hin und wieder, aber nur auswärts, um ihn nicht selber zubereiten zu müssen, bis ich auch daran vor vielen Jahren keinen Geschmack mehr finden konnte. Wenn mich jemand fragte, ob ich Vegetarierin sei, sagte ich Nein, weil ich es nie für mich beschlossen hatte. Ich aß einfach, was mir schmeckte, ohne viel darüber nachzudenken.

Schon immer kochte ich gerne, allerdings mit einer Bedingung: Einfach und praktisch musste es sein. Stundenlang in der Küche zu stehen und komplizierte Rezepte auszuprobieren, passte nicht zu mir. Doch wenn ich eines hasste, dann waren es Fertiggerichte! So suchte ich immer eine schnelle Lösung, die frische Zutaten, wie rasch geschnippeltes Gemüse und Kräuter, kombiniert mit Reis, Pasta oder Kartoffeln, in ein leckeres Gericht verwandelten. Mal italienisch, mal asiatisch oder mexikanisch. Das war für mich als Sportlerin lange Zeit das perfekte Essen.

Doch dann gab es einige einschneidende Veränderung in meinem Leben. Ich beendete meine Karriere, löste alles auf, was ich hatte, verließ Deutschland nur mit einem Rucksack auf dem Rücken und reiste einige Jahre durch Mittel- und Südamerika. Einfach zu reisen und gut zu essen, ließ sich meistens nicht miteinander vereinbaren, vor allem nicht bei meinem eher abenteuerlichen Reisestil, der mich in abgelegene Teile der Welt führte. Ob Bootsreise auf dem Amazonas oder Wanderungen zu Andendörfern, mehrere tausend Meter hoch gelegen – der kulinarische Genuss blieb aus, genauso wie meine Kochkunst mangels eigener Küche für lange Zeit pausieren musste.

Was ungewollt ganz oben auf dem Speiseplan stand, waren diverse Bakterien und Parasiten, die mich über lange Zeit auf meiner Reise begleiteten. Ein Arzt in Peru sagte einmal zu mir: »Die werden Sie erst wieder richtig los, wenn Sie in Ihre Heimat zurückkehren.« Aber das Reisefieber war stärker und ich ließ mich von den kleinen Tierchen nicht beirren. Ich kannte sie alle beim Namen und wusste genau, welches Medikament gegen wen half. So wurden leider auch diverse Antibiotika zu meinen ständigen Reisebegleitern.

Zu dieser Zeit belastete mich das nicht wirklich. Die Jahre des Reisens waren mit die faszinierendsten Zeiten meines Lebens. Es gab unzählige Erlebnisse und Erfahrungen, die mein Leben positiv verändert, mein Bewusstsein erweitert und meine bisherige Lebensweise total umgekehrt haben. Dass Bakterien und Parasiten ebenfalls ihren Teil zu dieser Verwandlung beitrugen, sollte mir erst später bewusst werden.

Ushuaia, Feuerland

Einmal Südamerika von oben nach unten, erreichte ich nach zwei Jahren Feuerland, das »Ende der Welt«. Das Bedürfnis nach einem Schrank anstatt eines Rucksacks war groß, vor allem aber nach einer eigenen Küche. Ich konnte keine Restaurants mehr sehen, bitte keine Pasta mehr, weder mit roter noch mit weißer Sauce, und auch die rosa Sauce war für mich nicht mehr akzeptabel. Wenn man kein Fleisch mag, blieben einem auf diesem Kontinent meistens nicht so viele Optionen. Von Parasiten geplagt, hielten sich außerdem die Salate und Gemüsegerichte wegen fragwürdigen Waschwassers in Grenzen, sodass nicht viel Nahrhaftes für mich zur Auswahl stand.

Ich entschied mich, eine Weile in Buenos Aires zu bleiben, mietete eine Wohnung, und das Erste, was ich tat, war einkaufen zu gehen und selbst zu kochen. Was für ein Gefühl ... und was für ein Geschmack! Ich hatte total vergessen, wie lecker man essen konnte, wie gut frische Zutaten schmeckten und wie gerne ich kochte. Diese ersten Gerichte waren überhaupt nichts Besonderes: Risotto, Gemüsesuppe, und Brokkoli in der Pastasauce war schon eine Spezialität. Doch ich fühlte mich wie im Himmel, war ich doch nichts Gutes mehr gewohnt.

Einige Dinge waren nicht leicht erhältlich, da musste ich in der großen Stadt erst auf die Suche gehen. Gewisse für mich »normale« Lebensmittel gab es kaum. So fand ich zum Beispiel nur einen einzigen Bäcker, der ein richtiges Vollkornbrot backte. Dieses Geschäft war eine ganze Stunde mit dem Bus von meiner Wohnung entfernt, was sich gerade bei Brot als etwas unpraktisch herausstellte. Anfangs kam ich mit fünf Kilo Brot im Rucksack heim und fror es ein. Doch nach einiger Zeit fand ich den Aufwand übertrieben und begann nach Rezepten zu suchen, denn die Lösung hieß: selbst backen! Das Ergebnis: überwältigend! Es geht doch nichts über ein frisches selbst gebackenes Brot. Schon wenn der Geruch des Backens die Wohnung erfüllte – nach

Cashewgetränk

Eine einfache und schnelle Variante des Nussgetränks ist eine Milch aus Cashewkernen, da sie nicht gefiltert werden muss. So braucht man auch keine Tücher auszukochen. Wobei eine gute gefilterte Mandelmilch natürlich lecker und nährstoffreich ist. Doch ist das Cashewgetränk eine perfekte Alternative, wenn man gerade nicht so viel Zeit hat oder es praktisch mag. Sonst macht es irgendwann keinen Spaß mehr und das wäre doch zu schade!

Die Cashewkerne ergeben eine so homogene Creme, dass in der Flüssigkeit keine Stücke bleiben und sich kein Wasser absetzt. Man kann sie mit und ohne Einweichen verwenden. Nicht einzuweichen, macht die Sache für mich wesentlich praktischer, da ich mich für ein Getränk eher spontan entscheide und es nicht einen Tag vorher plane.

In einem guten Mixer kann mit heißem Wasser sogar ein leichter Schaum gezaubert werden. Dies funktioniert besser mit einem Blender als mit einem Stabmixer. So lässt sich hin und wieder ein neuartiger Cashew-Kaffee genießen, der dem Milchkaffee in nichts nachsteht. Es entsteht zwar kein richtiger Schaum, den man wegpusten kann, sondern eher eine einmal umgerührte, aufgeschäumte Milch. Was mich daran viel mehr fasziniert, ist die cremige Konsistenz und der sahnige Geschmack der Cashewkerne, die den Kaffee zu einem Genuss werden lassen. Die Creme schmeckt viel reichhaltiger als Milch und das Schöne daran ist, dass sie gut verdaulich ist.

60 g Cashewkerne (nicht eingeweicht)
350 ml heißes Wasser
etwas natürlicher Vanilleextrakt

- Die nicht eingeweichten Cashewkerne mit 100 ml heißem Wasser im Blender zu einer Creme vermischen. Danach mit etwa 250 ml heißem Wasser aufgießen, etwas Vanilleextrakt dazugeben und nochmals mixen, bis es leicht schäumt. Es wird die gesamte Creme verwendet, ohne sie durch ein Tuch zu filtern. Wer seinen Kaffee süß mag, kann Datteln mitpürieren. Diese Menge reicht für zwei große Tassen Milchkaffee. Ebenfalls sehr zu empfehlen ist sie für einen indischen Chai-Tee.
- Natürlich kann man die Kerne vorher auch einweichen, wenn man vorausplant. In diesem Fall sollte man beachten, dass die feuchten Kerne bereits Wasser enthalten, und ich empfehle, dann bei diesem Rezept 100 ml weniger Wasser zu verwenden. Geschmacklich ergibt sich ein kleiner Unterschied. Eingeweicht sind die Nüsse etwas wässriger, was gerade für einen Milchkaffee den Effekt des cremigen Schaums beeinträchtigt. Sicher ist es auch Geschmackssache.
- Mit kaltem Wasser kann man die Creme genauso herstellen, und zusammen mit Früchten wird daraus ein leckerer Cashew-Shake.

Cashewcreme, neutral oder süß

Diese Creme ist ein absolutes Muss für eine laktosefreie Küche, vor allem, weil sie sich so vielfältig verwenden lässt. Das beschriebene Cashewgetränk ist toll für einen Cashew-Kaffee oder Chai-Tee, weil man dafür heißes Wasser nimmt und es ein wenig schäumt. Für alle anderen Arten von Cashew-Getränken kann man auch die nachfolgende Zubereitung wählen. Man stellt sie in größerer Menge her und lässt sie im Kühlschrank. Es ist sozusagen ein »Cashew-Konzentrat«. Wird ein Glas Milch gebraucht, einfach 1–2 EL Creme in ein Glas geben und mit Wasser auffüllen, bis die gewünschte Konzentration erreicht ist. Dies gilt nicht nur für Getränke, sondern auch für den Ersatz von Sahne, Joghurt, Quark und Frischkäse.

Neben dem Klassiker im morgendlichen Müsli schmeckt die Cashewcreme als Aufstrich hervorragend auf Brot mit selbst gemachter Marmelade. Je nachdem, wie fest die Creme geworden ist, kommt sie zuerst aufs Brot. Ist sie ein bisschen flüssig ausgefallen, kommt sie einfach auf die Marmelade oben drauf. Um einen Kuchen oder Erdbeeren wie mit Schlagsahne zu verzieren, verdünnt man die Creme ein wenig und gibt etwas natürliche Vanilleessenz dazu. Zudem lässt sie sich eins zu eins wie Kokosmilch verwenden.

Kurkuma, Kreuzkümmel und mehr. Frische Kräuter, wie Basilikum, Petersilie, Salbei, Thymian, gab es zu Hauf im eigenen Garten. Sie wurden geerntet und getrocknet. Nicht eine Gewürzmischung kaufte ich mehr und musste feststellen, wie teuer zum Beispiel exotische asiatische Gewürzmischungen waren, vor allem wenn sie bis nach Argentinien importiert wurden. Ich nahm Kardamom und Co. und mischte mir das leckerste Madras-Curry ohne Geschmacksverstärker selbst.

Mit unseren Kräutern begann ich, Teemischungen zusammenzustellen. Ob klassischer Yogitee oder indischer Chai, es lässt sich ruck zuck mischen. Daraus wiederum ergab sich, dass ich mich mit Heilkräutern beschäftigte, Tinkturen herstellte sowie Ölauszüge, um daraus wiederum Naturkosmetik und Salben zu machen. Auch Putzmittel und Waschmittel probierte ich aus. Es nahm kein Ende ... eine neue Welt tat sich mir auf, allein darüber könnte ich ein eigenes Buch schreiben.

Wir achteten darauf, so viel wie möglich aus unserer Region zu beziehen. Auf dem Chacra wurde Gemüse angebaut, wir hatten Walnussbäume und Esskastanien vor der Tür sowie Obstbäume aller Art. Die Gegend ist sehr bekannt für Waldfrüchte und ein Nachbar lieferte uns naturbelassenen Honig. Wir lernten ein japanisches Ehepaar kennen, welches Tofu und Miso-Paste aus ökologischen Zutaten selbst herstellte und verkaufte. Ich versuchte es sogar wieder mit Milch von einem Biohof. Interessanterweise vertrug ich diese Milch besser, sie erschien mir weniger fett zu sein. Doch gerade deshalb konnte man sie nicht richtig aufschäumen, und ich stellte zudem fest, dass mir der Milchkaffee gar nicht mehr schmeckte. Daraufhin besorgte ich mir eine Joghurtmaschine und begann, aus dieser Milch Joghurt selbst zu machen, der durchaus verträglich war. Der Biohof stellte auch einige Sorten Käse her, und wir fühlten uns rundum gut versorgt.

So häuften wir einen Vorrat an, der vorerst im Sideboard, das eigentlich für das Wohnzimmer gedacht war, Platz fand. Eine Speisekammer hatten wir nicht, das Haus war sehr klein. Die genannten Zutaten sind nur ein Auszug unseres Sortiments, und jedes Mal, wenn ich ein neues Gericht kochen oder ein Lebensmittel herstellen wollte und feststellte, dass mir eine Zutat fehlte, ging ich in die ansässige Dietética, wo man auch lose Ware und manche Bioprodukte kaufen kann, um meine Rohstoffsammlung zu erweitern. Als ich mir eine gute Basis angeschafft hatte, war es ein tolles Gefühl, einfach zu sagen: Heute will ich indisches Gemüsecurry mit Vollkornreis und Joghurt essen, dazu Naan-Brot und Kartoffelbällchen. Oder lieber vegetarische Sushi mit selbst eingelegtem Ingwer, Misosuppe und japanischem Sesam-Spinat? Ich suchte mir einfach alle Zutaten zusammen und begann zu kochen. Nicht unbedingt immer schnell und einfach, aber ich brauchte nicht mehr einkaufen zu gehen! Denn auch das brauchte Zeit, und es kostete Energie und Benzin, da der nächstgrößere Ort etwa 20 Kilometer von uns entfernt lag. So verließen wir unser Haus und das Tal, in dem wir wohnten, eher selten. Ich konnte locker einen Monat auskommen, ohne einkaufen zu gehen.

Das Einzige, was bei unserem neuen System der Verpflegung »Schwierigkeiten« bereitete, waren Milchprodukte und Käse! Man muss sie regelmäßig kaufen, da sie sich nicht lange halten. So haben wir Milch als Joghurt oder hausgemachten Ricotta haltbar gemacht und den nächsten Einkauf immer weiter herausgezögert. Wenn nichts mehr im Kühlschrank war, kamen wir ein bis zwei Wochen ohne Milchprodukte aus, aber es passte nicht ideal in unser Konzept.

Wie es dann oft ist im Leben, passierten unerwartete Dinge. Es war Anfang Januar 2012, auf der Südhalbkugel mitten im Sommer. Wir wohnten gerade mal ein halbes Jahr auf dem Chacra. Es war ein sehr heißer, trockener Sommer und hatte bereits über einen Monat lang nicht mehr geregnet, als uns die Nachricht von einem Waldbrand ganz in der Nähe erreichte. So etwas hatte ich noch nie erlebt, vor allem nicht so nah. Die Flammen breiteten sich relativ schnell aus und kamen auf unser Tal zu, bis etwa 500 Meter an unser Häuschen heran. Wir packten die wichtigsten Sachen, evakuierten das Haus und kamen vorerst bei Freunden in einem Hostel unter. Der Brand wurde glücklicherweise kurz vor unserem Haus von der Feuerwehr eingedämmt, sodass das Chacra nicht mehr in Gefahr war, aber die Flammen fraßen sich tagelang weiter über drei Berge hinweg.

Ich kann mich nicht mehr genau erinnern, wie das Packen ablief. Zu der Zeit besaßen wir nicht viel, da wir erst seit Kurzem dort wohnten. Natürlich greift man erst mal zu den wichtigsten Dingen. Doch wir packten auch einige Lebensmittel ein, vor allem die aus dem Kühlschrank. Während des Brandes wurde der Strom abgeschaltet und wie jeder weiß, verderben Lebensmittel, vor allem bei über 30 °C Hitze. Jedenfalls saßen wir mit vier Liter Milch und fünf frischen selbst gemachten Joghurts im Auto. Wir fuhren zu einer Freundin, die wir damals noch nicht lange kannten, um einige unserer Sachen bei ihr unterzustellen. Wir boten ihr die Milch und den Joghurt an. Es wäre doch schade, sie verkommen zu lassen. »Nein«, sagte sie. »Milch trinken wir nicht, den Joghurt mag vielleicht mein Sohn, ab und zu schmeckt ihm so was.« Diese Antwort hatten wir nicht erwartet. So landete zumindest der Joghurt in ihrem Kühlschrank und die vier Liter Milch blieben erst mal in unserem Auto. Den ganzen Tag waren wir im Ort unterwegs, um eine Wasserpumpe für das Chacra zu organisieren, und fuhren erst spät abends in das Hostel.

Immer wieder überlegten wir, wem wir die Milch geben könnten, da sie den ganzen Tag im Auto sicher nicht gut aufgehoben war. Wir hätten sie anderen evakuierten Anwohnern, die in Turnhallen schlafen mussten, geben können oder einer Freundin, die aber am anderen Ende des Tals wohnte. Nicht ein einziges Mal sind wir auf die Idee gekommen, sie selbst zu trinken. Unser Appetit war eher mäßig und Milch zu trinken, bei der Hitze undenkbar. Dann reichte es mir, und ich sagte: »Es kann doch nicht sein! Da hinten brennen drei Berge, wir wissen nicht, ob Menschen vielleicht ihre Häuser verlieren, und wir sorgen uns um ein paar Liter Milch. Warum schütten

* Ein Klassiker zu Ofenkartoffeln oder Pellkartoffeln ist eine Kräutercreme aus einer Halbe-halbe-Mischung von Sonnenblumen- und Cashewcreme, verfeinert mit Schnittlauch, Petersilie oder Basilikum.
* Beide Cremes mildern in kalter Form scharfe indische oder mediterrane Gerichte ab, können für selbst gemachtes Sushi anstelle von Cream Cheese verwendet werden und verfeinern erhitzt jede Sahnesauce oder cremige Suppe.
* Außerdem kann man sie wirklich bei allen möglichen Rezepten als Ersatz für Jogurt, Quark, Ricotta, Sahne und Ähnliches verwenden. Dabei lediglich ein wenig die Konsistenz und Menge nach Geschmack anpassen.

Nach dieser Entdeckung von Cashewcreme und Sonnenblumencreme war ich ausgestattet mit dem einfachen »Rundum-Programm« zum Ersetzen von Milchprodukten, das ich sogar zum Kochen verwenden konnte. Sie schmeckten mir so gut und vor allem waren sie leicht verdaulich, sodass ich selbst nach einer Portion Pasta mit Cashewcremesauce bestens schlafen konnte.

Mir eröffnete sich eine komplett neue Welt, wie man Speisen zubereiten kann, und ich spürte, dass dies ein neuer Weg ist, sich gesund zu ernähren. Alles schmeckte plötzlich frisch und leicht – kaum verwunderlich, war es doch frisch zubereitet. Es gibt viele Möglichkeiten, was man aus diesen beiden Basis-Cremes zaubern kann. Meine Vorschläge zur Verwendung sollten Ihnen nur einen kurzen Einblick in die Zubereitung laktosefreier Lebensmittel geben.

Bis heute mache ich regelmäßig von beiden Cremes die doppelte Rezeptmenge, verstaue sie in Einmachgläsern oder Plastikbehältern im Kühlschrank und bin somit für etwa eine Woche versorgt, so lange halten sich die Cremes mindestens im Kühlschrank, wenn sie nicht vorher aufgegessen werden. Da ich die Zutaten immer in großen Mengen zu Hause habe, dauert die gesamte Herstellung etwa 15 Minuten, was mich wesentlich weniger Zeit und vor allem Energie kostet, als einkaufen zu gehen.

So konnte ich unser kleines »Problem« lösen, was mich bisher daran gehindert hatte, eine längere Zeitspanne ohne Einkaufen auszukommen. Mit diesen Produkten aber war es uns möglich, für länger als einen Monat nicht mehr in den Ort fahren zu müssen, da ich nun in der Lage war, fast alle Lebensmittel zu Hause selbst herzustellen ... außer Käse!

Konzentrieren wir uns also jetzt auf die weitere Suche nach dem ultimativen Nusslaib!

Das Fermentieren beginnt

Mein erstes Ferment war wohl der Sauerteig. Als ich diesen ansetzte, war mir noch nicht ganz klar, was Fermentieren genau ist. Es blubberte nach ein paar Tagen und roch sauer. Wie ich dann herausfand, entstehen beim Fermentationsprozess Gase, Säuren oder Alkohol. Man nennt diese Umwandlung auch »Gärung« oder »milchsauer Einlegen«. Bekannte fermentierte Lebensmittel sind Sauerkraut, Wein, Bier und natürlich Käse. Die ursprüngliche Idee der Fermentation war das Haltbarmachen, doch das Ausgangsprodukt wird dabei auch in ein neues Lebensmittel verwandelt. Dieser Umwandlungsprozess wird durch Enzyme und Bakterien verursacht. So werden zum Beispiel bei der Herstellung von Sauerkraut beim Hobeln der Kohlblätter ganz natürlich Enzyme freigesetzt, und Milchsäurebakterien der Umgebung lassen den Kohl fermentieren. Einmal richtig fermentiert, wird das Kraut über lange Zeit weder schlecht noch schimmelig, weil die guten Bakterien in der Überzahl sind.

Die Käseherstellung ist etwas komplexer, weil der Milch die Enzyme, die für das Ausfällen des Milcheiweißes nötig sind, separat zugeführt werden müssen. Dafür verwendet man Lab, das ursprünglich aus dem Kälbermagen stammt. Es dickt Milch ein, ohne sie zu säuern. Wenige Käsesorten werden mit anderen Gerinnungsmitteln, zum Beispiel pflanzlichen aus Labkräutern, hergestellt. Lab ist ein Enzymgemisch und wird heute überwiegend künstlich, oft sogar gentechnisch hergestellt. Für kaum gereifte Frischkäse wird weniger Lab verwendet als bei Hartkäse, bei Quark kommen Milchsäurebakterien und zusätzlich meist eine geringe Menge Lab zum Einsatz, während Joghurt nur durch Zufügen von Milchsäurebakterien hergestellt wird.

Mir drehte sich allerdings der Magen um, als ich an Enzyme aus Tiermägen dachte. Die guten Bakterien für meine ersehnten Nusslaibe sollten pflanzlich sein. Also hielt ich mich an natürlich fermentierte Gemüse, die Enzyme und Milchsäurebakterien enthalten. Der Saft vom Sauerkraut ist eine gute Option, um Nusscreme zu fermentieren. Es muss allerdings ein selbst gemachtes Sauerkraut sein, da die im Handel erhältlichen Produkte meist pasteurisiert, also erhitzt wurden, und die guten Bakterien, die wir brauchen, dabei leider verloren gehen.

Dies ist ein sensibler Punkt, schließlich soll es nicht zu kompliziert werden. Wenn ich erst Sauerkraut herstellen muss, um dann einen Nusslaib zu fermentieren, kann es mir die Motivation nehmen. Zumindest war es zu meiner Anfangszeit der Nusslaibherstellung so. Heute habe ich immer Sauerkraut zu Hause, weil es Bestandteil unserer Ernährung ist, und für die Nusslaibe habe ich mittlerweile ganz viele Fermente aus verschiedenen Gemüsesorten, die mir jederzeit Enzyme und Milchsäurebakterien liefern. Mehr dazu ab S. 144.

Teil 1: die Basis

Die Sprossen aus der Herstellung vom Rejuvelac werden zu einem Sprossenbrot.

Sprossenbrot

Die übrigen Getreidekörner oder Sprossen können weiterverwendet werden. Man kann sie zum Beispiel in einen Salat mischen oder über ein warmes Gericht streuen. Sind sehr viele Sprossen übrig, weil gerade eine kleine Nusslaibproduktion gestartet wurde, kann man die Körner in ein Rohkostbrot verwandeln.

Dazu müssen sie lediglich mit dem Stabmixer püriert und die Masse auf einen mit Backpapier ausgelegten Teller oder ein Backblech gestrichen werden. Den Fladen dann bei Zimmertemperatur gut trocknen lassen. Das kann je nach Klima zwei bis drei Tage dauern, dabei hin und wieder wenden. Man kann den Fladen auch für einige Stunden in den leicht offenen, nicht über 40 °C heißen Ofen stellen oder in einem Dörrgerät dehydrieren. So landen die Sprossen nicht in der Biotonne, sondern als etwas abgewandelte Variante des Essenerbrotes auf dem Teller, und können mit einer frischen Cashewcreme oder einem Nusslaib genossen werden.

Alternatives Rezept für Rejuvelac

Es gibt noch eine Version Rejuvelac, die praktisch ist, wenn es mal schneller gehen soll. Hierbei muss man keine Sprossen ziehen und der Rejuvelac ist in zwei Tagen fertig.

100 g Weizen gründlich waschen. Danach mit 1 Liter Wasser und etwas Zitronensaft in ein großes Einmachglas geben. Das Glas gut verschließen und zwei Tage bei Zimmertemperatur fermentieren. Wenn nach zwei Tagen kleine Bläschen nach oben steigen, umrühren und den fertigen Rejuvelac abgießen. Danach 1 Liter frisches Wasser auf die Weizenkörner geben, verschließen und nach zwei Tagen abgießen. Das Ganze kann noch ein zweites Mal wiederholt werden.

Was ist zu beachten?

Normalerweise stelle ich Rejuvelac nach dem Grundrezept her, weil diese Zubereitung ohne Zitrone funktioniert. Das alternative Rezept erscheint mir hervorragend für ein probiotisches Getränk. Beide können jedoch für die Nusslaibherstellung verwendet werden. Wie beim alternativen Rezept kann man auch zum Grundrezept Zitronensaft geben, der eine konservierende Wirkung hat. Um Rejuvelac als Probiotikum zu trinken, ist es sicher sinnvoll, ihn möglichst schnell zu verbrauchen, solange er frisch ist. Als Ferment für Nusslaibe funktioniert er auch noch nach längerer Zeit im Kühlschrank.

Sicherlich muss man anfangs beim Fermentieren ein bisschen Vertrauen entwickeln. Wir sind es nicht mehr gewohnt, Lebensmittel selbst herzustellen, und Fertigprodukte werden selten schlecht, weil sie Konservierungsmittel enthalten. Vielleicht haben wir ein wenig verlernt, unserem Gefühl zu vertrauen, ob ein Lebensmittel noch gut ist oder nicht. Natürlich müssen bei der Herstellung gewisse Hygienemaßnahmen eingehalten werden. Ich koche Einmachgläser entweder aus oder reinige sie mit Alkohol und lasse sie gut trocknen, bevor ich sie befülle. Das Getreide, möglichst in Bioqualität, prüfe ich vor der Verwendung genau. Sehr wichtig ist ebenfalls, ein gutes, reines Wasser zu verwenden (s. ab S. 23).

Damit die Fermentation einsetzt, sollte es nicht zu kalt sein. Ideal sind Temperaturen zwischen zwölf und 16 °C, nicht unter 10 °C und nicht über 20 °C. Daher lässt man das Wasserglas mit Weizensprossen, genauso wie später die Nusslaibmasse, möglichst immer bei Zimmertemperatur außerhalb des Kühlschranks stehen, an einem möglichst dunklen Ort ohne Sonneneinstrahlung. Vor allem im Sommer ist ein kühles Zimmer sehr wichtig. Ich stelle sie in die Speisekammer, wo die Temperatur je nach Jahreszeit zwischen zwölf und 18 °C liegt. Es ist ganz deutlich festzustellen, dass im Sommer alles schneller fermentiert als im Winter. Auch wachsen die Sprossen im Sommer in nur zwei Tagen, im Winter brauchen sie drei Tage, der Rejuvelac oder die Nussmasse sind im Sommer oft schon nach eineinhalb Tagen fertig fermentiert, während es im Winter bis zu zweieinhalb Tage dauern kann. Das Klima ist ein wesentlicher Faktor für das Fermentieren und wer beginnen möchte, Nusslaibe herzustellen, sollte überlegen, sich ein Thermometer und einen Luftfeuchtigkeitsmesser anzuschaffen.

Lebt man in einem feuchten Klima an der See, so wie ich es in Buenos Aires erlebt habe, verderben Lebensmittel schneller. Dort habe ich das Wasserglas mit den Sprossen im Kühlschrank fermentieren lassen. Auch wenn es heißt, nicht unter 10 °C zu fermentieren, ist der Rejuvelac trotzdem gelungen. Es dauerte einen Tag länger, dafür konnte ich sichergehen, dass er nicht schlecht wurde. Die Nussmasse ließ ich jedoch außerhalb des Kühlschranks fermentieren und versuchte, auch die Laibe nicht im Kühlschrank zu trocknen, was allerdings außerordentlich lange dauerte, und das Ergebnis war nicht sehr zufriedenstellend. Mehr dazu auf S. 129.

war und man auch noch ein paar Walnussstücke darin entdecken konnte. Man brauchte schon eine gewisse Vorstellungskraft, um sich darunter so etwas wie einen Laib Käse vorzustellen. Doch an eines erinnere ich mich genau, nämlich an den Geruch der nassen Nussmasse. Es war überwältigend, denn es roch nach Käse! Vielleicht eher nach einem kräftigen Frischkäse, aber es faszinierte mich, dass der Geruch feuchter zerkleinerter Nüsse in der Tat an Milchprodukte erinnerte. Auch geschmacklich war ich vollauf begeistert, obwohl ich hier nicht eine solche Ähnlichkeit zu einem Käse bestätigen konnte wie beim Geruch. Die Walnuss hat man wohl herausgeschmeckt, die Konsistenz erinnerte ein wenig an Marzipan, und es lag der salzige, durch die Bierhefe leicht käsige Geschmack auf der Zunge. Eine sehr eigene und besondere Kreation, die es sicherlich zu verbessern galt, für mich aber bereits ein voller Erfolg war!

Begeistert nahm ich meine Kreation zu Freunden mit, die einen Gastronomiebetrieb führten und durchaus experimentierfreudig waren, was Essen und Kochen angeht. »Das ist ein fermentierter Nusslaib«, sagte ich, »und ich glaube, es wäre super, daraus ein neues Produkt zu machen und anzubieten«. Im argentinischen »Land der Kühe« blickten mich daraufhin sechs große Augen ungläubig an, die auf mich wirkten wie: »Diese Deutsche kommt wirklich auf verrückte Ideen!«

Doch der Samen – oder sollte ich besser sagen, die Nuss – war gepflanzt! Die Idee einer neuen Form des Fermentierens, die ein Produkt ähnlich wie Käse ergab, ließ mich nicht mehr los. Sollte es Zufall gewesen sein, dass meine erste Fermentierung ausgerechnet mit der Walnuss geschah, die in der Symbolik der Pflanzen auf Fruchtbarkeit deutet? Ich jedenfalls wusste, egal, was mir andere sagten, dass dieses eigenartige Stück fermentierte Nussmasse, welches ich da fabriziert hatte, etwas ganz Besonderes war.

Nach diesem ersten eher improvisierten Versuch, einen Walnusslaib herzustellen, ging ich jedoch einen Schritt zurück und machte mich erst einmal daran, Milchprodukte wie Joghurt, Sahne und Frischkäse zu imitieren, bevor ich mit dem Fermentieren weitermachte. Es erschien mir der natürliche Weg hin zu meinem Ziel, einen richtigen großen, kiloschweren, leckeren und käsigen Nusslaib zu gestalten. Dadurch lernte ich die Zutaten besser kennen, vor allem welche Eigenschaften die einzelnen Nüsse und Kerne für ein entsprechendes Ergebnis bereitstellen.

Zutaten

Man braucht nicht viel, um laktosefreie Alternativen zu Milchprodukten herzustellen. Je nach Nuss oder Kern ist es nicht einmal teuer. Einige Rezepte, die ich fand, enthielten Zutaten, die mir bisher kaum geläufig waren. Den Großteil fand ich nicht wirklich notwendig, zumindest nicht, um Basisprodukte herzustellen. Mit ganz einfachen Mitteln und Rezepten lassen sich die Grundlagen für Milch, Joghurt, Sahne und Käse auf pflanzliche Art ersetzen.

Wie bereits erwähnt, ist es hier in Patagonien eher schwierig, unkonventionelle oder neuartige Produkte zu bekommen. Daher beschränken sich meine Zutaten auf einfache Lebensmittel. Künstlich oder industriell hergestellte Produkte verwende ich nicht, was auch den Vorteil hat, dass es günstiger ist.

Das Herkunftsland fließt in meine Beurteilung ein, ob ein Produkt als ökologisch gilt oder nicht. Was nützt es, einen Bioartikel zu kaufen, wenn er mit hohem Energieverbrauch um den Globus gereist ist? Ich denke, ein gesunder Menschenverstand und ein wenig Bewusstheit helfen dabei, auch mal auf etwas zu verzichten. Das Gute dabei ist, dass man anderes ausprobiert, in diesem Fall lokale Produkte, und dabei oftmals feststellt, dass sie genauso oder vielleicht sogar noch besser schmecken!

Zudem machte ich die Erfahrung, dass ich echtes Kochen lernte. Mit einer Gewürzmischung ist es leicht, ein Gericht zu würzen. Muss ich aber alles einzeln zusammenstellen, brauche ich schon genauere Kenntnisse über die Bestandteile. Im Folgenden nenne ich die wichtigsten Zutaten, die ich sowohl für Cremes als auch für die Nusslaibe verwende, mit einigen Kommentaren zur Qualität und Anwendung.

Salz

Momentan verwende ich rosa Himalaya-Salz, da es bei mir günstiger als Meersalz und sogar leichter erhältlich ist. Es erscheint mir zwar nicht sonderlich logisch, in Argentinien Salz aus dem Himalaya zu verzehren. Lieber wäre mir ein Produkt aus der Salzwüste Argentiniens oder Boliviens, das nicht rund um den Globus reisen muss. Leider ist dies jedoch nicht erhältlich, und Meersalz ist entweder überteuert oder es hat eine schlechte Qualität. So halte ich die Augen offen für neue Optionen und bleibe vorerst beim rosa Salz, welches auf jeden Fall eine sehr gute Qualität hat.

Wasser

Wasser – ein für uns oft selbstverständlicher Bestandteil beim Kochen und Herstellen von Lebensmitteln. Doch meistens kennen wir die Bestandteile unseres Wassers nicht. Welche Mineralien enthält es? Ist es belastet durch Schwermetalle oder Bakterien?

Fermentierte Nussmasse

Nun wurde es Zeit, endlich zu fermentieren, denn der Rejuvelac war fertiggestellt. Um einen Käsegeschmack zu erzielen, verwendete ich die salzige Version der Sonnenblumencreme von S. 46. Den Zitronensaft ließ ich weg, und Bierhefe verwendete ich nach Lust und Laune. Ein Viertel des Wassers ersetzte ich durch Rejuvelac.

Diese fermentierte Creme ist ein toller Ersatz für Frischkäse und kann mit Kräutern, Meerrettich, Paprikapulver oder getrockneten Tomaten verfeinert werden.

Sie ist auch die Grundlage für viele weitere Rezepte, denn um einen festen, getrockneten oder harten Laib herzustellen, braucht man immer als Erstes eine fermentierte Nussmasse. Danach geht es eher um die Technik, wie man sie trocknen und reifen lässt!

Grundrezept • Fermentierte Nussmasse

200 g Cashewkerne oder Sonnenblumenkerne (Trockengewicht, vorher einweichen)
150–175 ml Wasser
50–75 ml Rejuvelac
2 TL Salz
optional: 1–2 EL Bierhefe

- Die Zutaten mit dem Stabmixer oder Blender cremig pürieren, in einen Plastikbehälter geben und verschließen oder abdecken. Es muss nicht luftdicht sein.
- An einem ruhigen Ort ohne Sonneneinstrahlung zwei Tage bei Zimmertemperatur fermentieren und anschließend ein bis zwei Tage abgedeckt oder offen im Kühlschrank fest werden lassen. Nun ist die fermentierte Nussmasse fertig. Ich lasse den frischen Aufstrich immer offen im Kühlschrank stehen, damit er atmen kann. Die Oberfläche trocknet zwar ein wenig an, aber so können alle Gase entweichen, er gärt nicht oder nur wenig weiter und hält länger. Wem die angetrocknete Oberfläche nicht gefällt, kann den Behälter auch mit einem Tuch oder Papier abdecken.

Tipps für die fermentierte Nussmasse

- Soll es schneller gehen, kann man statt Rejuvelac als Ferment 1–2 TL Miso-Paste verwenden (dann allerdings 200 ml Wasser nehmen). Miso-Paste besteht aus fermentierten Sojabohnen und Reis (oder Weizen) und liefert genügend Milchsäurebakterien. Schneller geht diese Version bei mir allerdings deshalb, weil ich das Miso nicht selbst herstelle, sondern eine gute Paste vor Ort kaufen kann. So brauche ich nicht vierTage zu warten, bis der Rejuvelac fertig ist.
- Auch kann man eine frische Nusscreme gut in der Joghurtmaschine fermentieren, was ebenfalls Zeit spart. In nur zwölf Stunden, also über Nacht, ist der fermentierte Brotaufstrich fertig.

Bilder rechts: Selbst gemachter Senf (links) als Zutat für den nussigen Cashew-Aufstrich (rechts)

Nussiger Aufstrich

Diesen Aufstrich habe ich das erste Mal mit Mandeln in der Joghurtmaschine hergestellt. Damals schmeckte er für mich wie Ziegenkäse. Heute mache ich ihn oft auch mit Cashewkernen und verfeinere ihn gerne mit frischen Kräutern wie Schnittlauch, Petersilie und Basilikum. Es ist für mich eine der geschmackvollsten Varianten frischer Brotaufstriche und ein leckerer Frischkäse-Ersatz. Bei diesem Rezept wird kein Rejuvelac, sondern Miso als Ferment verwendet.

125 g Mandeln oder Cashewkerne (Trockengewicht, vorher einweichen)
125–150 ml Wasser
1 TL Miso-Paste (s. S. 150)
1 TL hausgemachter Senf
1 TL Essig (Apfelessig, Balsamico, Reisessig)
1 TL Salz

- Alles gut mit dem Stabmixer oder im Blender pürieren, bis die Masse ganz cremig ist. Die Joghurtgläschen nur zu drei Viertel füllen, da es sonst überläuft, und über Nacht (etwa zwölf Stunden) in die Joghurtmaschine stellen. Man kann die Masse auch einfach in einen Plastikbehälter füllen, diesen abdecken oder verschließen und zwei Tage bei Zimmertemperatur fermentieren lassen. Anschließend für ein paar Stunden in den Kühlschrank stellen – offen oder mit Papier abgedeckt –, damit der Aufstrich kühl und fest wird.

Anfangs konnte ich mir keinen Nusslaib ohne Hefeflocken vorstellen. Auch die herzhaften Cremes mussten immer Hefeflocken enthalten, da sie mir wahrscheinlich den Käsegeschmack ersetzten. Heute nutze ich sie kaum noch. Ich habe mich wohl des Käsegeschmacks entwöhnt und weiß die Aromen der einzelnen Nüsse und Kerne mehr zu schätzen. Somit enthalten lediglich die herzhafte Sonnenblumencreme (s. S. 47), der Hartgereifte Laib (s. S. 82) und der Pizza-Aufstrich (s. S. 172) ein paar Löffel Hefeflocken.

Kräuter und Gewürze

Es geht nichts über frische Kräuter aus dem Garten. Das Aroma macht den Unterschied, vor allem bei Cremes oder für den allseits bekannten Kräuterquark. Basilikum, Petersilie und Schnittlauch sind die Klassiker, gefolgt von Oregano, Salbei und Thymian, aber auch frischer Rosmarin, Koriandergrün und Rucola geben ihre speziellen Noten dazu.

Für den Vorrat trockne ich Kräuter selbst. Ich habe festgestellt, dass sie aromatischer als abgepackte Kräuter sind. Natürlich ist es nicht immer möglich, alles selbst zu machen, dann kaufe ich in unserer Dietética. Dort werden die Kräuter lose nach Gewicht angeboten.

Es ist ein großer Unterschied, ob man getrocknete oder frische Kräuter zum Fermentieren verwendet. Die frischen Kräuter gehen einen anderen Fermentationsprozess ein als getrocknete und der Geschmack verändert sich mit der Reifung. Bei frischen Kräutern sollte man darauf achten, dass sie entweder sauber sind – was man wohl nur bei eigener Produktion beurteilen kann. Ansonsten wasche ich sie – insbesondere wenn ich sie zum Fermentieren nutzen will – mit gereinigtem, möglichst keimarmem Wasser. Getrocknete Kräuter sollten nicht zu alt sein, da sie dann an Geschmack verloren haben.

Neben Kräutern kann mit gemahlenen Gewürzen gearbeitet werden. Ob schlichtes Paprikapulver oder ein exotisches Curry, der Kreativität und dem Geschmack sind keine Grenzen gesetzt. Zu beachten ist, dass ein Pulver den Laib verfärbt und sich der eigentliche Geschmack der Nuss oder des Kernes verliert. Ich bevorzuge die schlichte, eher neutrale Variante mit Kräutern, außer ich möchte für eine bestimmte Gelegenheit Farbe ins Spiel bringen.

Für einen scharfen Touch sorgt Chili, am besten funktionieren getrocknete Schoten oder crushed pepper, getrocknete und zerstoßene Chilischoten. Man sollte ihn vorsichtig verwenden und vorher genau probieren, wie scharf er wirklich ist, da es große Unterschiede gibt. Mein Eindruck ist, dass er durch die Fermentation eher ein wenig an Schärfe verliert. Hervorragend eignet sich natürlich auch Pfeffer. Besonders attraktiv sehen die frischen Laibe aus, wenn sie darin gewälzt werden. Ein Klassiker!

Wurzeln

Ausprobiert habe ich frischen Ingwer, der fermentiert sehr streng schmeckt. Kurkuma nutze ich nur gemahlen für den Pizza-Aufstrich (s. S. 172), da dieser dann schön gelb wird und schmackhafter aussieht. Meerrettich ist hier bei mir schwer zu bekommen, würde aber bestimmt einen sehr guten Geschmack erzielen, vor allem auch für frische Cremes. Mit Wasabipulver habe ich kleine gereifte Nusslaibe ausprobiert, und zwar marmoriert, was durch die grüne Farbe sehr interessant aussah und geschmacklich dem Meerrettich ähnelt (s. Foto S. 153 und Rezept S. 158).

Knoblauch

Die wohl beliebteste Knolle ist der Knoblauch und auch bestens geeignet als Zutat, zum Beispiel für Kräutercremes. Für die Nusslaibherstellung verwende ich nur den in Honig fermentierten Knoblauch (s. S. 147). Er ist wesentlich milder als frischer Knoblauch und dient mir gleichzeitig als Ferment. Nimmt man ihn für Nusslaibe, sollte man auf die Menge achten. Man braucht nur wenig, denn durch die Fermentation des Knoblauchs ist der Geschmack sehr kräftig und wird erst mit der Reifung milder.

Fermentierter Miso-Tofu – über ein Jahr alt

Bei Sojaprodukten lohnt es sich immer, genau nachzufragen, ob sie wirklich Bioqualität haben. Das lässt sich nicht immer zweifelsfrei feststellen. Am besten ist es natürlich, diejenigen Personen zu kennen, die den Tofu oder die Miso-Paste herstellen.

Frischer Tofu ist nicht fermentiert. Um ihn herzustellen, wird die Sojamilch zur Gerinnung gebracht, ähnlich wie man es zum Beispiel bei der Herstellung von Ricotta aus Kuhmilch oder Schafsmilch macht. Damit wird der feste Eiweißbestandteil von der Flüssigkeit getrennt und anschließend gepresst. Es werden aber keine Enzyme oder Milchsäurebakterien dazugegeben und es setzt kein Fermentationsprozess ein. Daher ist frischer Tofu auch nicht so lange haltbar. Nicht fermentierte Sojaprodukte wie frischer Tofu sind zudem schwer verdaulich und gelten selbst in Asien als eher ungesund. Daher verzehren Asiaten hauptsächlich fermentierte Sojaprodukte wie Sojasauce, Miso, Tempeh oder fermentierten Tofu, und selbst diese nur in geringen Mengen. Durch die Fermentation werden bestimmte Substanzen, die von Natur aus in Sojabohnen enthalten sind, abgebaut, wodurch die Produkte leichter verdaulich werden.

Normalerweise wird Tofu fermentiert, indem er mehrere Tage bis Wochen an der Luft trocknet und sich dabei Bakterien durch den Tofu ziehen, die eine Gärung verursachen. Anschließend wird er in Salzwasser oder andere Marinaden eingelegt und somit für lange Zeit haltbar gemacht. Dazu hatte ich viele Rezepte gefunden und es ist sicher ein spannendes Projekt. Doch war mir die Suche nach Nusslaiben wichtiger, weshalb ich eine abgewandelte Form von fermentiertem Tofu wählte, die ohne Trocknen des Tofus auskommt und ebenfalls einen kräftigen Geschmack ergibt. Dabei habe ich den fermentierten Miso-Tofu für mich entdeckt.

Fermentierter Miso-Tofu

250 g Tofu
200 g Miso-Paste (s. S. 150)
120 ml Weißwein (oder Reiswein)
60 ml Mirin (Reiswein)

- Tofu in Würfel schneiden und mit einem Küchenpapier abtupfen, um das Wasser aufzusaugen. Nun kann man ihn noch ein bis zwei Tage an der Luft stehen lassen, damit er ein wenig antrocknet. Er kann aber auch gleich weiterverarbeitet werden, dann ist er später nur etwas weicher und zerfällt leichter. Für die Nusslaibherstellung ist das unwesentlich, da er sowieso püriert wird.
- Miso, Wein und Mirin in einem Einmachglas vermischen. Die Tofustückchen dazugeben und vorsichtig unterrühren, bis der Tofu ganz von der Flüssigkeit bedeckt ist.
- Den Behälter verschließen und in den Kühlschrank stellen. Man kann den Tofu bereits nach drei bis vier Tagen probieren. Er wird immer intensiver und käsiger, je älter er ist. Ich würde ihn mindestens sechs bis acht Wochen fermentieren lassen.
- Nach ein bis zwei Monaten schmeckt er bereits kräftig. Mein reifster Tofu war älter als drei Jahre. Beim Öffnen des Glases sollte man vorsichtig sein, denn es brodelt und riecht stark. Die Stücke zerfallen mit der Zeit, aber der Miso-Tofu eignet sich hervorragend für die Nusslaibherstellung, da man ihn mit der Marinade verarbeitet.

Der fermentierte Miso-Tofu schmeckt auch vorzüglich einfach so auf Brot. Für mich hat er dieses etwas Scharfe, Leckere, was mich an einen kräftigen Käse erinnert. Dafür ist es praktischer, die Stücke größer zu schneiden und vorher etwas antrocknen zu lassen, damit sie nicht zu sehr zerfallen. Die Marinade kann man gut zum Würzen verwenden, zum Beispiel für ein Wokgemüse oder eine Pastasauce. Idealerweise sollte man sie nicht mitkochen, weil dann die guten Bakterien verlorengehen.

Kürbiskern-Algen-Aufstrich

Um nun den Aufstrich herzustellen, benötigt man Kürbiskerne, die püriert bereits einen sehr starken Geschmack ergeben, der fermentiert noch ein wenig intensiver wird. Außerdem sind sie grünlich, was dem Blauschimmel-Aussehen zuträglich ist. Zusätzlich verwendete ich Algenpulver, anfangs war es Spirulina, welches der Masse einen bläulichen Touch gab. Spirulina ist intensiv im Geschmack und sehr

Verdickungsmittel

Die Begriffe Agar-Agar, Xanthan, Carrageen, Guarkernmehl oder Johannisbrotkernmehl und vieles mehr tauchen häufig bei der veganen Käseersatzherstellung auf, sowohl in Rezepten als auch in fertigen Produkten. Sie mögen ihre Vorteile haben, auch auf Pflanzen basieren, natürlich hergestellt und bio sein. Doch kann ich mich für sie nicht begeistern. Mal abgesehen davon, dass ich sie anfangs nur schwer beziehen konnte, hatte ich sie dann irgendwann ergattert und ausprobiert, um festzustellen, dass mir meine eigenen Nusslaibe mit diesen Zusätzen nicht mehr schmeckten. Die Konsistenz war entweder puddingartig oder wie Gummi. Der Geschmack hatte etwas Künstliches an sich. Außerdem stellte ich fest, dass sie schneller schlecht wurden als die fermentierten Laibe ohne Verdickungsmittel. Das war für mich das Aus, und ich kehrte zur Basis zurück: so einfach wie möglich mit wenigen Zutaten!

Tapiokastärke ist das einzige Bindemittel, welches mir zusagt. Es ist eine resistente Stärke, die unverdaut in den Darm gelangt und dort die Darmbakterien positiv unterstützt. Sie entsteht bei der Herstellung von Maniokmehl und ich verwende sie im Pizza-Aufstrich (s. S. 172).

Zucker

Süßungsmittel werden bei der Nusslaibherstellung grundsätzlich nicht verwendet. Wenn ich mal Zucker brauche, habe ich Vollrohrzucker nach Mascobado-Art im Haus. Honig verwende ich nur, wenn ich weiß, wer ihn produziert hat. Ein Freund von uns ist Imker und seine Bienen leben auf Biofarmen, kommen ohne Antibiotika aus und erhalten genug ihrer eigenen Nahrung. Es gibt natürlich Ahornsirup, Agavensirup und andere Alternativen. Mittlerweile habe festgestellt, dass sich getrocknete Früchte wie Datteln, Feigen und auch Rosinen hervorragend als Ersatz für Zucker eignen.

Getreide

Getreide – hier immer Vollkorn, weil das Korn gekeimt wird – benötigt man, um Rejuvelac herzustellen (s. S. 50). Meistens verwende ich dafür Weizen. Dieser schmeckt mir am besten, denn ich trinke Rejuvelac auch als Enzymwasser, um meinem Körper Probiotika zuzuführen. Genauso eignen sich Roggen, Dinkel, Gerste oder Hafer. Wer auf Gluten empfindlich reagiert, kann Rejuvelac auch aus glutenfreiem Getreide oder Preudogetreide herstellen, zum Beispiel aus Vollkornreis, Buchweizen, Amarant oder Quinoa. Bei Vollkornreis dauert die Keimzeit etwas länger, auch der Geschmack variiert je nach verwendetem Korn. Als Getränk ist Rejuvelac eventuell gewöhnungsbedürftig. Mit etwas Zitronensaft schmeckt es gleich frischer und angenehmer.

Nüsse und Kerne

Die wichtigsten Bestandteile der Nusslaibe und Cremes sind selbstverständlich die Kerne, Nüsse, Samen, Saaten, auch Früchte genannt. Welche man am besten verwendet, hängt von dem Geschmack und der Konsistenz ab, die man erzielen möchte. Jeder Kern hat seine eigene Fähigkeit, eine feine oder eher grobe Creme zu erschaffen. Der Geschmack ist sehr unterschiedlich, nicht nur beim Vergleich verschiedener Kerne, sondern auch zwischen Rohzustand der Nuss, einer daraus hergestellten frischen Creme und einem fermentierten Laib, der sich auch entsprechend der Reifezeit noch sehr in Geschmack und Konsistenz verändert. Ich finde es sehr spannend, welch verschiedene facettenreiche Geschmacksnoten man erreichen kann, sodass es nicht langweilig wird, immer wieder neue Laibe auszuprobieren. Mein Hauptziel war es, eine Vielfalt durch unterschiedliche Nüsse und Kerne zu erreichen. Geschmacksvariationen durch Gewürze habe ich erst viel später ausprobiert. Vorerst wollte ich herausfinden, wie sich die einzelnen Nüsse verhalten und was sie mir ganz natürlich zu bieten haben.

Nüsse und Kerne sind nicht unbedingt die günstigsten Nahrungsmittel. Daher spielt der Preis auch eine Rolle, vor allem, wenn man Milchprodukte komplett damit ersetzen möchte. Betrachtet man allerdings das Endprodukt, ist der Preis relativ, da es einen hohen Nährwert hat und gesund ist. Vielleicht vergleichbar wie bei Weißbrot und Vollkornbrot: Weißbrot mag billiger sein, aber man isst davon auch deutlich mehr und das bei geringem Nährwert. Bei den Nusslaiben verhält es sich ähnlich. Man schneidet nur kleine Stückchen ab, die wesentlich mehr nähren als ein großzügig geschnittener herkömmlicher Käse. Nusslaibe sättigen besser und daher verzehrt man weniger.

* **Schale, Teller und Gewicht:** Als Letztes benötigt man noch eine Auffangschale, damit die Flüssigkeit ablaufen kann, einen Teller und ein Gewicht. Ich habe einen Stein verwendet, man kann auch ein dickes Buch nehmen, ein geschlossenes Gefäß mit Wasser oder etwas ähnlich Schweres. Bei einem kleinen Laib braucht man nicht sehr viel Gewicht, zwei bis drei Kilo. Bei größeren Bambusformen benötigt man schon mehrere Steine oder Bücher oder beides.

Die folgenden Fotos zeigen die Herstellung eines mittelgroßen Mandellaibs, der mit dem Blender püriert wurde. Mehr über die verschiedenen Größen der Bambusformen auf S. 84.

Herstellung eines gepressten Nusslaibs

Vorbereitung: Die Bambusform in eine Auffangschale stellen, das Tuch auskochen und die Form damit auslegen. Hier kommt nun die pürierte Nussmasse hinein.

▲ Pressen: Das Tuch zuschlagen und einen Teller darauf legen.
▼ Den Nusslaib mit einem Gewicht beschweren und zwei Tage fermentieren lassen. Anschließend das Tuch vorsichtig öffnen.

▼ Spachteln: Bei Bedarf die Oberfläche mit einem Küchenspachtel glatt streichen.

▼ Stürzen: Nun wird der Laib auf ein Brett gestürzt.

Sonnenblumenlaib

Der Sonnenblumenlaib schmeckt frisch etwas ungewöhnlich und hat keinen typischen Käsegeschmack. Er hat aber durchaus seine Liebhaber und gehört als Klassiker absolut dazu. Interessanter wird er später beim Trocknen und Reifen dieser Kerne.

225 g Sonnenblumenkerne (Trockengewicht, vorher einweichen)
200–225 ml Wasser
50–75 ml Rejuvelac
2 TL Salz
Verzierung: Kräuter, Paprikapulver, Kurkuma, Pfeffer oder Ähnliches

- Für dieses Rezept eignet sich ein Bambusgarer von 13 cm Durchmesser. Als Erstes wird die Form vorbereitet. Dazu den Dampfgarer säubern, eventuell mit Alkohol abspülen und auf den großen Teller, die Auffangschale, stellen. Das Tuch auskochen und in die Form hineinlegen, ohne dass es zu viele Falten schlägt.
- Die eingeweichten Kerne mit Wasser, Rejuvelac und Salz sehr fein mit dem Stabmixer oder Blender pürieren und die Masse in die Form geben. Das Tuch zuschlagen und den Teller darauf legen. Mit einem Gewicht beschweren, abtropfen lassen und zwei Tage bei Zimmertemperatur fermentieren. Will man den Laib in einem Sieb fermentieren, kann die im Tuch eingepackte Nussmasse ebenfalls mit einem Gewicht beschwert werden.
- Hin und wieder kontrollieren, ob Flüssigkeit hinausläuft, und eventuell abgießen. Sollte gar keine oder nur sehr wenig herauslaufen, kann es sein, dass das Gewicht nicht ausreicht. Dann einfach noch ein Buch oder Ähnliches auflegen und beobachten, ob die Flüssigkeit nun beginnt, auszutreten. Bei Sonnenblumenkernen kann es durchaus viel Flüssigkeit sein, da die Creme eher grob ist. Es hängt auch vom Stabmixer oder Blender ab, bei manchen Geräten muss man etwas mehr Wasser als hier angegeben verwenden. Wie fest der Nusslaib wird, hängt unter anderem davon ab, wie viel Gewicht und damit Druck auf die Masse ausgeübt wurde.
- Nach den zwei Tagen Fermentieren das Tuch öffnen und die Oberfläche mit einem Spachtel etwas glatt streichen. Den Laib auf einen Teller stürzen und das Tuch abziehen. Beim Fermentieren im Sieb ebenfalls nach zwei Tagen ausgepacken und in die gewünschte Form bringen.
- Den Laib mit Backpapier oder Folie vorsichtig abdecken, er kann ruhig Luft bekommen. So kommt er für zwei Tage in den Kühlschrank, damit er nochmals fester wird. Man kann ihn auch ohne Abdeckung in den Kühlschrank stellen, dann trocknet er außen ein wenig an. Nun ist der Laib fertig. Je nach Geschmack in frischen oder getrockneten Kräutern wälzen und verziert genießen!

Cashewlaib

Es ist fast die gleiche Herstellung wie beim Sonnenblumenlaib. Der einzige Unterschied ist, dass bei Cashewkernen wirklich mit so wenig Wasser wie möglich püriert werden sollte. Cashewkerne verlieren nämlich beim Pressen kaum Flüssigkeit, weil sich die Kerne stark mit dem Wasser verbinden. Der Cashewlaib verliert später im Kühlschrank weiter an Feuchtigkeit, ohne dass Flüssigkeit abläuft. Er trocknet einfach. Dieses Phänomen ist schwer zu erklären, aber es macht einen großen Unterschied in der Herstellung der Nusslaibe aus Cashewkernen. Auch konnte ich feststellen, dass der Cashewlaib eine unterschiedliche Konsistenz hat, je nachdem, wie lange die Kerne eingeweicht wurden. Eine kurze Einweichzeit macht den Laib fester.

225 g Cashewkerne (Trockengewicht, vorher einweichen)
175 ml Wasser
50–75 ml Rejuvelac
2 TL Salz
Verzierung: Kräuter, Paprikapulver, Kurkuma, Pfeffer oder Ähnliches

- Die Bambusform von 13 cm Durchmesser mit dem Tuch vorbereiten. Cashewkerne mit Wasser, Rejuvelac und Salz im Blender oder mit dem Stabmixer fein pürieren, bis die Masse ganz glatt ist wie dicke Sahne. Die Creme in das Tuch gießen und verschließen. Mit Teller und Gewicht beschweren und zwei Tage bei Zimmertemperatur fermentieren. Das Gewicht kann ein wenig erhöht werden, trotzdem wird nicht dieselbe Menge Flüssigkeit wie beim Sonnenblumenlaib ablaufen.
- Beim Stürzen auf einen Teller sollte man sehr vorsichtig sein, da der Laib viel weicher und instabiler ist als der Sonnenblumenlaib. Nun kommt er zwei Tage mit Papier abgedeckt oder einfach offen in den Kühlschrank, was beim Cashewlaib einen großen Unterschied macht. Danach wird er wesentlich fester sein.
- Jetzt kann er ebenfalls mit Kräutern verziert werden. Aufgrund der Konsistenz am besten das Wälzen durch Einreiben oder Bestreuen ersetzen. Die Handhabung des Cashewlaibs mag aufgrund der Konsistenz etwas schwieriger sein, dafür sind aber der Geschmack und die cremige Konsistenz unschlagbar.

Diese kleinen hübsch verzierten Laibchen machen vor allem viel her, wenn Besuch ansteht, oder als Geschenkidee. Der Kreativität sind keine Grenzen gesetzt, was Kräuter und Gewürze angeht. Mehr dazu ab S. 154. Man kann auch unterschiedliche Kerne mischen. Die folgenden Kombinationen habe ich ausprobiert.

Sonnenblumen-Cashew-Laib

Dazu habe ich einfach eine Hälfte Sonnenblumenkerne und die andere Hälfte Cashewkerne verwendet. Ich habe sie bereits bei Herstellung der Nussmasse gemischt und dieselbe Menge Flüssigkeit wie beim Sonnenblumenlaib benötigt. Das Ergebnis ist ein eher mild schmeckender Sonnenblumenlaib, der cremiger geworden ist. Die Cashewkerne kommen geschmacklich nicht stark heraus, machen sich aber durch die Konsistenz bemerkbar. Eine nette kleine Abwechslung, die außerdem etwas preisgünstiger als der reine Cashewlaib ist.

Cashew-Kürbiskern-Laib

Kürbiskerne haben einen strengen Geschmack, wie bereits im vorigen Kapitel beschrieben (s. ab S. 61). Außerdem ergeben sie eine eher grobe Creme, weil sie vergleichsweise harte Häute haben. Daher kam es für mich nicht in Frage, einen reinen Kürbiskernlaib auszuprobieren. Ich habe gleich auf die Mischform mit Cashewceme im Verhältnis halbe-halbe gesetzt. Das Ergebnis kann sich wirklich sehen lassen. Es hat einen schönen grün-weißen Look, der Geschmack ist schon eher wie ein kräftiger Käse und durchaus empfehlenswert.

links: Paprika-Cashewlaib und Petersilie-Sonnenblumenlaib
Mitte: Pfeffer-Sonnenblumenlaib, Kurkuma-Cashewlaib und angetrockneter Cashewlaib
rechts: Frischer Cashewlaib

Erdnuss-Sonnenblumen-Laib

Diese Idee kam einem Teilnehmer meines Workshops. Er wollte einen Nusslaib herstellen, der preislich für jedermann erschwinglich ist und außerdem keine importierten Nüsse enthält. Sonnenblumenkerne und Erdnüsse werden beide in Argentinien produziert. Die Idee fand ich toll, deshalb wollte ich sie unbedingt erwähnt haben. Sie machte mich zudem neugierig, einen reinen Erdnusslaib auszuprobieren (mehr dazu ab S. 77). Denn es gibt natürlich noch andere Nüsse, außer Sonnenblumenkernen und Cashewkernen, mit denen man Nusslaibe herstellen kann.

Vorerst war ich begeistert von den gepressten Laiben, die nun auch optisch einem Käse ähnelten. Nun ging es in der nächsten Phase darum, auszuprobieren, wie man die Nussmasse trocknen kann. Ich wollte endlich einen Nusslaib, den ich richtig anfassen und hochheben kann, der außen trocken ist und innen schön käsig.

Erste Versuche des Trocknens

In meiner Nusslaibsammlung fehlte mir noch eine Alternative für Parmesan. Schließlich lassen sich frische Nusslaibe nicht reiben und über einem Pastagericht, Risotto oder einer Gemüsesuppe ist ein geriebener Käse schwer wegzudenken.

In einigen Rezepten hatte ich gelesen, dass man einen kleinen Cashewlaib leicht antrocknen lässt. Andere schrieben, dass sie den Laib im Backofen trocknen, was mir eher unlogisch erschien, sollen doch die guten Milchsäurebakterien im Nusslaib erhalten bleiben. Es müsste wohl eher ein Dörrgerät sein, das eine gewisse Temperatur nicht übersteigt. Da sich die Temperaturregelung meines Gasofens auf »eingeschaltet« und »ausgeschaltet« beschränkte, kam diese Option für mich nicht in Frage. Außerdem sollte es einfach und natürlich sein, und bevor ich weiter die klassische Käseherstellung studierte, machte ich ein ganz einfaches Experiment, einen getrockneten Minilaib.

Minilaib

Für diesen Versuch habe ich nur eine geringe Menge Cashewkerne verwendet. Da ich keine Erfahrung mit dem Trocknen hatte, wollte ich den Laib so klein wie möglich machen. Das in diesem Moment wohl Wichtigste aber war, weniger Flüssigkeit zu verwenden. Vorher hatte ich immer Nüsse und Flüssigkeit zu etwa gleichen Teilen genommen. Da ich nun die Nussmasse ohne große Technik oder Käseformen trocknen wollte, habe ich mich entschieden, die Flüssigkeit um die Hälfte zu reduzieren.

Die Masse ist sehr hart und man sollte aufpassen, dass der Mixer nicht zu heiß wird. Für den Minilaib habe ich sie mit dem Stabmixer püriert. Damals besaß ich noch keinen Blender. Ein Blender braucht normalerweise mehr Flüssigkeit, damit er keine Luftblasen schlägt oder gar steckenbleibt, weil die Masse zu trocken ist. Auch sind sehr kleine Mengen im Blender eher schwierig zu verarbeiten, weil nicht genug Creme zum Mixen vorhanden ist. Es kommt natürlich auf den Blender an und welche Aufsätze er zur Verfügung stellt. Ab S. 90 gehe ich mehr auf die Konsistenz entsprechend der Maschine ein.

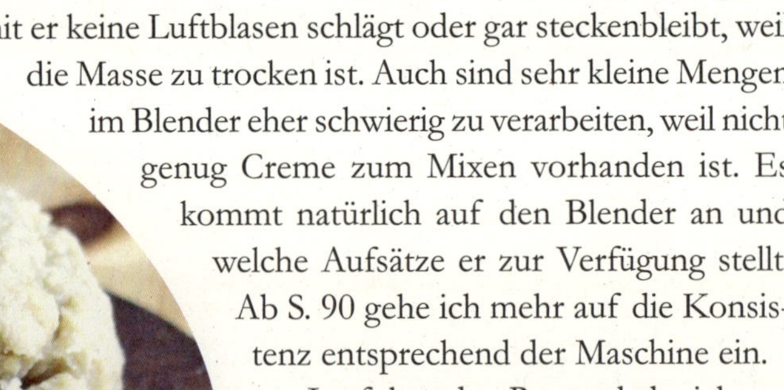

Im folgenden Rezept habe ich nur Rejuvelac verwendet, da die Flüssigkeitsmenge insgesamt sehr gering ist. Man kann selbstverständlich zur Hälfte Rejuvelac und zur Hälfte Wasser nehmen oder im Verhältnis 1:3 wie in den vorigen Rezepten. Vom Salz kann nach Geschmack etwas mehr dazugegeben werden. Schließlich ist ein Käse zum Reiben normalerweise eher salzig.

Cashewkultur

125 g Cashewkerne (Trockengewicht, vorher einweichen)
75 ml Rejuvelac
1 TL Salz

- Die Zutaten mit dem Stabmixer pürieren und die Nussmasse in einen Plastikbehälter füllen. Diesen verschließen und zwei Tage bei Zimmertemperatur fermentieren lassen. Danach den Deckel abnehmen und weitere zwei Tage offen stehen lassen – nicht im Kühlschrank, weil die Nussmasse bereits sehr fest ist und wesentlich weniger Wasser enthält.
- Nun ist die Oberfläche ein wenig angetrocknet. Die Masse, wenn möglich, aus dem Behälter auf einen Teller stürzen oder mit einem Löffel herausholen und mit einem Küchenspachtel wieder etwas in Form bringen. Nun einfach einen kühlen und schattigen Platz suchen und den Minilaib zwei Monate stehen lassen.
- Während dieser Zeit immer mal wieder anschauen. Wenn er schon ein wenig getrocknet ist, sollte man ihn umdrehen und auf ein sauberes Holzbrett stellen, da Holz Flüssigkeit aufsaugt und dem Trocknungsprozess zugutekommt. Weiterbeobachten und immer mal wieder umdrehen, alle zwei bis drei Tage.

Sind die zwei Monate um, sollte der Laib richtig trocken sein. Je nach Klima kann es schon nach vier bis sechs Wochen so weit sein. Auch kann man ihn schon gut reiben, wenn er innen noch ein wenig feucht ist. Die Idee dieses ersten Versuchs war jedoch, ein möglichst trockenes Stück zu erhalten. Dies war mir gelungen. Ein richtig fester Käse, den ich hochheben, aufschneiden und reiben konnte, so wie man es eben von Käse kennt. Der Geschmack war käsig, aber sehr mild. Ich war durchaus stolz, obwohl ich gleich weiterprobieren wollte, um den Geschmack zu verfeinern.

Getrocknete Laibe brauchen ein wenig Geduld. Doch ist es genau diese Ruhe, Pflege und ganz viel Liebe, die sie benötigen, um zu etwas Neuem heranzureifen und ihren vollen Geschmack zu entwickeln. Bei meinem ersten Minilaib fiel es mir schwer, die zwei Monate abzuwarten, bis ich ihn endlich probieren konnte. Mit der Zeit allerdings habe ich gelernt, mehr Geduld zu entwickeln und den richtigen Moment abzuwarten, um dann bewusster genießen zu können. Dies gilt wohl nicht nur für die Nusslaibherstellung!

Sie reifen von weich bis hart

Man unterscheidet zwischen Trocknen und Reifen, obwohl beide Prozesse nicht wirklich voneinander getrennt werden können, es sei denn, man lässt einen Laib reifen, ohne ihn zu trocknen. Das passiert zum Beispiel bei der Herstellung von Feta-Käse, der in einer Salzlake reift. Dieser ist dann relativ hart, hat aber keine Rinde, weil er in der Lake feucht bleibt. Möchte ich einen Nusslaib nur trocknen, könnte ich ihn tatsächlich in ein Dörrgerät stellen. Das würde eine Menge Zeit sparen. Doch ist es dann kein gereifter Laib, denn die Reifung braucht Zeit. So sind viele Käsesorten für Monate oder gar Jahre gelagert, weil sie umso aromatischer werden, je älter und reifer sie sind. Das bekannteste Beispiel hierfür ist wohl der Parmesan.

Die industrielle Käseherstellung verwendet oft künstliche Mittel, um die Reifung zu beschleunigen. Für ein Unternehmen mag dies profitabel sein, da die Lagerung von Käselaiben Geld kostet. Für den Geschmack des Käses ist es nicht unbedingt von Vorteil, ganz im Gegenteil. So kennen sicher viele den Unterschied zwischen einem echten handgemachten Bergkäse und einem abgepackten Käseaufschnitt aus dem Supermarkt. Also tun wir besser daran, Geduld zu üben und den Laiben Zeit zu geben.

Auch Feuchtigkeit und Temperatur spielen bei der Reifung eine große Rolle. Ist es zu warm, reift der Käse zu schnell, ist es zu kalt, kann er sein volles Aroma nicht entfalten. Bei der Nusslaibherstellung gelten ähnliche Regeln. Ist es zu trocken, können sich beim Trocknen Risse in der Rinde bilden, ist es zu feucht, besteht die Gefahr von Pilzbefall. Geschmack und Konsistenz hängen also sehr vom Klima des Lagerraums und von der Jahreszeit ab, zumindest wenn man keine Klimaanlage oder Luftbefeuchter besitzt. Dafür ergibt sich jedoch ein natürlicher einzigartiger Geschmack, den man mit einem künstlichen Raumklima nicht erreichen würde. An dieser Stelle sei angemerkt, dass die Größe sowie die Form des Laibs ebenfalls eine Rolle spielen. Dazu mehr im Teil »Große Laibe« ab S. 89. Die bisher vorgestellten kleinen Laibe sind weniger von der Umgebung abhängig und gelingen eigentlich immer.

Wir sehen an dieser Stelle, dass es einige Dinge zu beachten gibt und dass die Herstellung von Käse sowie von Nusslaiben viele Optionen und Facetten zeigt. Nicht umsonst gibt es mehrere Tausend Käsesorten weltweit, und ich bin neugierig, auf welche Anzahl von Nusslaibsorten wir in den nächsten Jahrzehnten wohl kommen werden. Es ist wirklich spannend und ich konnte es anfangs gar nicht glauben, wie viele verschiedene Möglichkeiten sich mir auftaten. Denn plötzlich ging es gar nicht mehr darum, ob der Nusslaib nun gelingt, sondern vielmehr darum, was er für eine Konsistenz aufweist und wie er schmeckt. Also lassen wir sie alle reifen, was das Zeug hält.

Bilder links: Trockungsprozess eines kleinen Walnusslaibs, der mit dem Blender püriert wurde
oben: Nach dem Fermentieren das Tuch öffnen, glatt streichen, zwei Tage antrocknen lassen.
unten: Stürzen und alle ein bis zwei Tage umdrehen: Rinde am ersten, dritten und siebten Tag.

Reifung von gepressten Laiben

Die Masse für einen gereiften Nusslaib wird auf dieselbe Weise hergestellt, wie die beiden ab S. 66 beschriebenen Laibe. Ich machte gleichzeitig einen Cashewlaib und einen Sonnenblumenlaib, gab die Nussmassen für zweiTage zum Fermentieren in die mit Tüchern ausgelegten Bambusformen und beschwerte beide Laibe jeweils mit einem großen Stein.

Nach den zwei Tagen werden, wie bei den frischen Laiben, das Gewicht und der Teller entfernt und das Tuch wird geöffnet. Die Oberfläche streiche ich meist mit dem Spachtel etwas glatt. An dieser Stelle unterscheidet sich nun das weitere Vorgehen, denn die zu trocknenden Laibe werden vorerst nicht umgestürzt und kommen auch nicht in den Kühlschrank.

Man lässt die Nusslaibe einfach in der Bambusform mit dem geöffneten Tuch weitere zwei Tage an der Luft stehen. Danach sollte die Oberfläche leicht angetrocknet sein und erst dann wird der Laib gestürzt, am besten gleich auf ein sauberes Holzbrett, und das Tuch vorsichtig abgezogen.

So bleiben die beiden Laibe weitere zwei Tage stehen, damit auch die andere Seite, die bei mir anfangs immer das nette Karomuster der Tücher trug, leicht antrocknet. Dann werden sie wieder umgedreht. Anfassen kann man sie noch nicht, daher einfach ein zweites Holzbrett vorsichtig auf den Laib legen, beide Bretter zugleich von oben und unten mit den Handflächen anfassen und umdrehen. Das nun oben liegende Brett vorsichtig hochheben. Sollte der Laib daran festgeklebt sein, einfach mit einem Messer nachhelfen, ihn abzulösen. Anschließend die Oberfläche mit dem Spachtel wieder etwas glatt streichen und schön herrichten.

Holzbretter

Wie oft man umdrehen muss, hängt ein bisschen vom Holz ab. Es gibt Holzbretter, an denen die Nusslaibe weniger kleben. Diese sind aber meistens beschichtet und wenn unbekannt ist, ob die Beschichtung vom Nusslaib aufgenommen wird, sollte man sie besser nicht verwenden. Bei Brettern, die mehr Flüssigkeit aufsaugen, weil sie keine Beschichtung haben, kann es sein, dass der Laib ein wenig kleben bleibt. Da hilft dann nur, ihn wirklich täglich umzudrehen und nicht zu lange auf einer Stelle des Brettes zu lassen. Ein naturbelassenes Holzbrett ist sicherlich einem beschichteten vorzuziehen. Ich verwende Bretter aus Pappelholz. Diesem Holz sagt man nach, dass es neutral ist und der Nusslaib nicht den Geschmack oder Geruch des Holzes annimmt, was bei anderen Holzarten passieren kann. Diesen Tipp bekam ich vom hiesigen Biohof, der Pappelholzbretter für seine Käseproduktion verwendet.

Mandellaib, Cashew-Kürbiskernlaib, Cashewlaib und Sonnenblumenlaib (von links nach rechts)

Jetzt ist Geduld gefragt: Dieser Prozess des Umdrehens sollte ab jetzt drei bis vier Wochen täglich oder zumindest alle zwei Tage wiederholt werden. Mehr ist vorerst nicht zu tun. Ich wünsche fröhliches Warten!

Das Ergebnis

Sind einige Wochen vergangen, kommt der beste Moment: Wir schneiden den Nusslaib an. Mit der Zeit habe ich ein Gefühl dafür entwickelt, wann dieser beste Moment ist. Wer sich näher mit der Nusslaibherstellung auseinandersetzen möchte, dem kann ich nur empfehlen, unterschiedlich lang gereifte Laibe zu probieren. Schließlich kann man den frischen Laib sofort essen und auch an jedem folgenden Tag danach – wenn er erst leicht angetrocknet ist, kann man schon probieren. Jedoch macht es einen Unterschied, ob der Laib angeschnitten weiterreift oder im Ganzen. Durch die Rinde, die sich bildet, bleibt das Innere feucht und das Aroma entwickelt sich. Daher ist es sinnvoll, mehrere Laibe herzustellen und zu unterschiedlichen Zeiten anzuschneiden, um den Geschmack verschiedener Reifegrade herauszufinden.

Beim Umdrehen kann man immer mal an den Laiben riechen, denn auch der Geruch verändert sich mit jedem Tag der Reifung. Ich mag es gerne, wenn die Rinde schön trocken ist, die Masse innen aber noch ein wenig feucht. Um diesen Moment abzupassen, gilt es eben, das Gefühl zu entwickeln, wann der Laib so weit ist, und ihn nicht zu sehr austrocknen zu lassen. Das Austrocknen passiert allerdings hauptsächlich bei kleinen Nusslaiben. Große Laibe behalten viel länger die Feuchtigkeit im Inneren, genauso wie Laibe, die eine hohe Form haben. Die Bambusformen ergeben eher flache Laibe. Das ist für die Anfänge jedoch gut, weil diese leichter zu trocknen sind. Das »Schlimmste«, was anfangs passieren kann, ist, dass der Laib sehr trocken wird und man ihn gerieben über Pasta genießen darf.

Es ist außerdem Geschmackssache, denn ein guter Parmesan, der Jahre alt ist, zerbröckelt auch fast, wenn man ihn aufschneidet. Die Nussmasse hat allerdings eine andere Konsistenz, wenn sie austrocknet. Das pflanzliche Fett hält den Laib nicht so fest zusammen, wird aber auch nicht ranzig, wenn man ihn draußen stehen lässt. Der Nusslaib wird lediglich hart und trocknet, weil die Flüssigkeit verdunstet. Nusslaibe werden einfach nicht schlecht, weil sie fermentiert sind. Daher können auch Reste von angeschnittenen Nusslaiben bis zum letzten Krümel aufgebraucht werden. Es scheint, als wollten sie sich in ihre ursprüngliche Nussform zurückverwandeln. Man kann sie irgendwann mit der Hand zerbröckeln und es sieht aus wie eine Art Nussmehl.

Nach drei bis vier Wochen besteht allerdings noch keine Gefahr, dass der neue gereifte Nusslaib zerbröckelt. Beim Cashewlaib kann es passieren, dass er nach einiger Zeit kleine Risse in der Rinde aufweist. Der Sonnenblumenlaib bekommt eher eine glatte Oberfläche. Der Cashewlaib wird eher gelblich hellbraun, der Sonnenblumenlaib gräulich braun bis grünlich schwarz. Der grün-schwarze Touch hat etwas mit dem Salzgehalt oder anderen Mineralien während des Fermentierungsprozesses zu tun. Anfangs hatte ich die Tücher immer mit Natron ausgekocht. Wie man vom Kuchenbacken weiß, werden Sonnenblumenkerne in einem Kuchen, der Backpulver (also Natron) enthält, grün. Manches Sauerteigbrot mit Sonnenblumenkernen wird auch grünlich. Aber auch ohne Bikarbonat können Verfärbungen durch chemische Prozesse der Fermentation auftreten, und das Grün kann durchaus in ein Schwarz übergehen. Dies ist kein Grund zur Sorge, wenn man weiß, dass dies nun mal die spezielle Eigenschaft von Sonnenblumenkernen ist. Es ist ihre ganz natürliche Verwandlung, genauso wie getrocknete Pilze dunkelbraun bis schwarz werden und wir sie genauso verzehren.

Nach der Reifezeit von drei bis vier Wochen werden die Laibe endlich angeschnitten.

Innen ist der Cashewlaib fast weiß und hat einen Geruch, welcher von allen Nusslaiben einem Kuhmilchkäse am ähnlichsten ist. Er hat eine sehr cremige Konsistenz und lässt sich gut schneiden. Der Sonnenblumenlaib hat einen starkes Aroma und einen sehr eigenen Geschmack. Jeder verbindet ganz unterschiedliche Dinge miteinander, wenn es um Geschmack geht. Beim Sonnenblumenlaib musste ich anfangs immer an geräucherten Fisch denken. Es ist nicht so, dass mir jeder an dieser Stelle zustimmen wird. So hat wohl jeder seine eigenen Assoziationen und daher ist es am besten, selbst zu probieren.

Der Sonnenblumenlaib ist sehr speziell und für mich fester Bestandteil meiner Nusslaibproduktion. Er hat mich definitiv auch darauf gebracht, unterschiedliche Nüsse und Kerne auszuprobieren. Daraufhin war es für mich am spannendsten zu

Bild rechts: Verschieden große Erdnusslaibe aus Bambusformen sehen, wie diese verschiedenen Nüsse und Kerne ihre ganz eigene Verwandlung durchmachen, während sie fermentieren. Neben meiner Neugier, wie man einen »Großen Laib« herstellt, war es ein wichtiger Bestandteil meiner Suche, die Unterschiede der einzelnen Saaten zu erfahren. Die Rezepte sollten dabei ganz klassisch und einfach bleiben, ohne Gewürze oder Ähnliches, um die Ergebnisse hinsichtlich Geschmack und Konsistenz vergleichen zu können.

An dieser Stelle kam mir die bereits erwähnte Erdnuss wieder in den Sinn, und ich fragte mich, wie dieser Laib wohl aussehen und schmecken würde.

Erdnusslaib

Erdnüsse sind etwas härter als Cashewkerne und Sonnenblumenkerne, doch eingeweicht lassen sie sich sehr gut pürieren. Ich verwende sie sogar hin und wieder als frische, nicht fermentierte Creme, die auch gut zum Kochen geeignet ist. Die Herstellung des Erdnusslaibs gleicht derjenigen des Sonnenblumenlaibs. Auch sollte man bei Erdnüssen, weil sie etwas härter sind, und je nach Mixer mehr Wasser verwenden.

Der Erdnusslaib trocknet wesentlich schneller als Cashewlaibe und auch Sonnenblumenlaibe. Die Konsistenz ist sandiger, daher entstehen auch gerne etwas größere Risse beim Trocknen und auch die innere Masse und Konsistenz sind eher trocken und leicht krümelig. Dem Geschmack tut das keinen Abbruch. Der Erdnusslaib hat ein sehr mildes und frisches Aroma und hat mich wirklich fasziniert, kennt man die Erdnuss doch meistens als salzigen Snack oder als Erdnussbutter. Dass sie eine so

schöne milchige Konsistenz bekommt, überraschte mich. Am liebsten mag ich diesen Laib allerdings, wenn er nicht so stark getrocknet ist, dann ist er innen noch schön feucht. Den kleinen Laib lasse ich deshalb nur zwei bis maximal drei Wochen reifen. Er sollte eine schöne feste Kruste haben, welche einen guten Kontrast zur inneren cremig frischen Konsistenz bildet.

225 g Erdnüsse (Trockengewicht, vorher einweichen)
200–225 ml Wasser
50–75 ml Rejuvelac
2 TL Salz

- Alle Zutaten zusammen mit dem Stabmixer oder Blender pürieren. Die Masse in die mit einem Tuch ausgelegte Bambusform von 13 cm Durchmesser geben, zudecken und mit Teller und Gewicht beschweren. Bei Zimmertemperatur zwei Tage fermentieren lassen. Während des Pressens läuft beim Erdnusslaib die ersten Stunden eine sehr cremige Flüssigkeit auf den unteren Teller. Diese unbedingt auffangen. Sie kann ganz toll als Sahne verwendet werden, natürlich eher für herzhafte Speisen, da sie salzig ist. Ich verwende sie auch zum Kochen. Hierbei aufpassen, denn wird sie zu stark erhitzt, gehen die guten Milchsäurebakterien verloren. Am besten erst am Schluss ohne weiteres Aufkochen unterrühren.
- Den Laib nach zwei Tagen auspacken und – nachdem die Oberfläche glatt gespachtelt wurde – weitere zwei Tage offen bei Zimmertemperatur trocknen lassen. Dann aus der Form stürzen und trocknen und reifen lassen, wie auf S. 66 beschrieben.

Gereifte Laibe ohne Pressen

Bevor es mit der Produktion großer gepresster Laibe weitergeht, möchte ich eine weitere Art vorstellen, wie man Laibe auch ohne Pressen trocknen und reifen lassen kann. Die beiden folgenden Nusslaibsorten wurden mein Ersatz für festen Blauschimmelkäse und Parmesan.

Mein erster Versuch, einen Laib ohne Pressen zu trocknen, war der Minilaib (s. S. 70). Natürlich war die Menge sehr gering, daher konnte ich ihn leicht aus dem Plastikbehälter holen und modellieren, um ihm eine Form zu geben. Nun wollte ich aber den Kürbiskern-Algen-Aufstrich trocknen, stellte mir das Pressen jedoch schwierig vor, da er aus zwei verschiedenen Massen besteht und ich ihn schichtweise ins Tuch geben und umrühren müsste. Außerdem lief bei Cashewlaiben sowieso nicht viel Flüssigkeit ab, und diese Masse enthielt noch dazu den fermentierten Tofu. Das erschien mir alles viel zu aufwendig, und ich überlegte, wie ich ihn ohne Pressen trocknen könnte. Auch wollte ich den Minilaib vergrößern, um einen harten Parmesan-Ersatz reifen zu lassen, und benötigte eine bessere Variante, als ihn aus dem Behälter zu löffeln.

Also wählte ich einen runden Plastikbehälter von 10 cm Durchmesser und 8 cm Höhe, der vor allem am Boden eine möglichst schlichte Form haben sollte, ohne Muster oder Ränder, die sich in den Laib abdrücken konnten. Die Form legte ich mit Frischhaltefolie aus, gab die fertige Nussmasse hinein und ließ sie nach dem Fermentieren im offenen Behälter antrocknen. Nach einigen Tagen wurde der Laib gestürzt, die Folie brauchte ich lediglich abzuziehen und der Laib behielt tatsächlich seine Form.

Plastikfolie ist nicht das umweltfreundlichste – heute würde ich vorschlagen, lieber ein Mulltuch zu verwenden –, doch für den Moment und zum Hausgebrauch sollte es genügen. Später fand ich eine bessere und professionellere Lösung. In den beiden folgenden Rezepten beschreibe ich die Unterschiede bei der Handhabung des neu erfundenen Plastikfolien-Systems.

Blaugrüner Algenlaib

Nach der Erfahrung des Minilaibs war mir klar, dass der Algenlaib weniger Wasser enthalten musste als die frische Variante von S. 61. Nun wird bei dieser zwar sowieso schon nur halb so viel Flüssigkeit verwendet wie bei der fermentierten Nussmasse (s. S. 56), weil der fermentierte Tofu gemeinsam mit seiner flüssigen Marinade verarbeitet wird. Trotzdem wollte ich reduzieren und habe daher beides, Tofu und Wasser, um jeweils 20 g verringert. Das mag unwesentlich erscheinen, macht aber später bei der Handhabung durchaus einen Unterschied.

Je nach Mixgerät könnte man eventuell noch weniger Flüssigkeit verwenden, aber ich möchte hier keine zu riskanten Rezepte angeben, damit unsere Mixer noch lange

Bild links: Mittelgroßer Erdnusslaib aus der Edelstahlform

halten. Die Wassermenge sollte immer erst mit dem eigenen Mixer vorsichtig getestet werden. Die Festigkeit der Nussmasse wird auch durch die Nussart, ihre Qualität und die Dauer des Einweichens beeinflusst. Um dieses Rezept mit der verringerten Flüssigkeitsmenge im Blender zu mixen, braucht man einen speziellen Aufsatz für dickflüssige Massen. Ansonsten lieber die Flüssigkeitsmenge vom Algenaufstrich von S. 62 verwenden.

Die nächste Veränderung des Rezeptes, die ich vornahm, war, den Anteil der Kürbiskernmasse zu verringern, weil mir der Algengeschmack zu intensiv war. Cashewkerne und Kürbiskerne verwendete ich nun im Verhältnis 3:1. Natürlich kann man dieses Verhältnis ganz nach Geschmack variieren.

Cashewmasse

180 g Cashewkerne (Trockengewicht, vorher einweichen)
75 g fermentierter Miso-Tofu (s. S. 61)
75 ml Wasser
1 ½ TL Salz

Kürbiskernmasse

60 g Kürbiskerne (Trockengewicht, vorher einweichen)
25 g fermentierter Miso-Tofu
25 ml Wasser
½ TL Salz
¼ TL blaugrünes Algenpulver (Spirulina oder Chlorella)

- Die Zutaten der beiden Nussmassen getrennt voneinander mit dem Stabmixer oder einem Blender mit Aufsatz für dickflüssige Massen pürieren, jeweils in separate Plastikbehälter geben und diese verschließen. Für zwei Tage bei Zimmertemperatur fermentieren lassen.
- Einen runden Plastikbehälter von etwa 10 cm Durchmesser und 8 cm Höhe mit Frischhaltefolie auslegen. Danach die Cashewmasse mit der Kürbiskernmasse marmorieren und in den Behälter geben. Einige Tage offen stehen lassen, damit die Oberfläche antrocknen kann. Bei diesem Laib kann es auch mal drei bis vier Tage dauern, bis er beginnt, fester zu werden. Sollte es zu warm sein, kann man ihn ein bis zwei Tage in den Kühlschrank stellen, da er dort schneller fest wird.

Nach dieser Zeit wird der Laib auf einen Teller gestürzt und die Folie abgezogen. Mit dem Spachtel kann man ihn ein wenig modellieren, da die Plastikfolie meistens ein paar Falten hineindrückt. Man kann ihn aber auch so lassen. Manchmal sackt er ein wenig zusammen, aber das gibt ihm einen schönen handgemachten Look.

oben (von links): Frische und drei Wochen gereifte Algenlaibe, einen Monat hart gereifte Nusslaibe
unten: Mittelgroßer Algenlaib nach fünf Tagen, gerade aus der Form gestürzt (links)
– und einen Monat gereift, außen trocken, innen frisch (rechts)

Jetzt beginnt die Phase der Geduld und Pflege. Der Laib muss alle ein bis zwei Tage umgedreht werden. Für die erste Woche empfehle ich, diese Art von Laib alle zwei Tage auf einem Teller oder Plastikbrett zu wenden und erst ab der zweiten Woche auf ein Holzbrett zu legen, da er anfangs feuchter ist als gepresste Laibe. Diesen Algenlaib kann man ein bis zwei Monate reifen lassen. Er wird intensiver im Geschmack, je länger er reift. Wenn er hart ist, schmeckt er auch gerieben vorzüglich, und er macht immer etwas her auf dem Tisch.

Hartgereifter Laib

Dies sollte ein richtig harter Laib zum Reiben werden. Der Minilaib war mir geschmacklich nicht kräftig genug, sodass ich beschloss, ihn mit Miso zu fermentieren und Bierhefe zu verwenden, damit es etwas käsiger wird. Außerdem mischte ich getrocknete Kräuter in die Masse, da ich ein bisschen Oregano oder Basilikum über einem Pastagericht recht passend fand.

Damit der Laib etwas größer wurde und ebenfalls in den Plastikbehälter von 10 cm Durchmesser passte, verwendete ich die doppelte Menge Cashewkerne wie beim Minilaib. Das Verhältnis von Flüssigkeit und Nüssen ließ ich so wie beim Minilaib, da dieser wirklich die Mindestmenge an Flüssigkeit hatte. Hier wiederum darauf achten, die Wassermenge an den eigenen Mixer anzupassen. Bei einem Blender den Aufsatz für dickflüssige Massen verwenden (s. S. 92). Ab S. 110 folgen weitere Techniken für hart gereifte Laibe.

250 g Cashewkerne (Trockengewicht, vorher einweichen)
150 ml Wasser
2 TL Miso
2 TL Salz
2 EL Bierhefe
1 – 2 TL getrocknete Kräuter (Oregano, Basilikum, Salbei oder Thymian)

- Den Plastikbehälter mit Frischhaltefolie auslegen. Mit dem Stabmixer oder einem Blender mit Aufsatz für dickflüssige Massen die Nüsse, Wasser, Miso und Salz mit Bierhefe und Kräutern pürieren. Die Nussmasse in den vorbereiteten Behälter füllen. Diesen mit einem Deckel verschließen und die Masse zwei Tage bei Zimmertemperatur fermentieren lassen.
- Danach den Deckel öffnen und weitere zwei bis vier Tage antrocknen lassen. Bläht sich der Laib in diesen Tagen etwas auf, kann man ihn in den Kühlschrank stellen. Nach dieser Zeit genauso wie beim Algenlaib weiterverfahren: Den Laib auf einen Teller stürzen, die Folie abziehen, etwas glatt spachteln. Die erste Woche alle zwei Tage auf ein Plastikbrett oder einen Teller umdrehen, danach alle ein bis zwei Tage auf einem Holzbrett wenden.

Damit der Laib wirklich hart wird, kann man ihn durchaus drei bis vier Monate reifen lassen. Je härter er ist, desto besser lässt er sich reiben. Doch sei dazu gesagt, dass er ein wirklich kräftiges, reiches Aroma hat und in allen Stadien gut schmeckt. Als frische Creme und auch nach einem Monat, wenn er innen noch etwas weich ist, kann man ihn perfekt auf Brot genießen. In diesen kleinen Laibchen steckt mehr, als man denkt.

Ein Kilo schwerer Hartgereifter Laib, zwei Monate gereift

Der Wunsch nach mehr

Meine Nussprodukt-Kollektion war nun durchaus sehenswert:

- Das Nussgetränk ersetzte Milch, genauso wie die verdünnte unfermentierte Cashewcreme. Die nicht fermentierte Cashewcreme und Sonnenblumencreme verwendete ich anstelle von Joghurt, Quark, Frischkäse und Sahne für süße sowie herzhafte und rohe sowie gekochte Speisen. In der Joghurtmaschine fermentierte ich Cashewcreme für ein probiotisches Müsli.
- Ein Mandelaufstrich, der Ziegenkäse ähnelte, und ein Kürbiskern-Algen-Aufstrich, der wie Gorgonzola aussah, verfeinerten mein selbst gebackenes Sauerteigbrot. Bunte, mit Kräutern verzierte Cashewlaibe und Sonnenblumenlaibe stachen als Alternative für Frischkäse auf dem Frühstückstisch ins Auge.
- Weich bis mittelhart gereifte Cashew-, Sonnenblumen- und Erdnusslaibe ließen den herkömmlichen Schnittkäse von der Einkaufsliste verschwinden.
- Der Algenlaib wurde zum Nachfolger des Blauschimmelkäses und der Hartgereifte Laib die Alternative zum Parmesan auf allen italienischen Gerichten.

Was wollte ich mehr? Nun, ich wollte sie alle in Groß! Immer mehr hatte ich mich mit der klassischen Käseproduktion beschäftigt und mein Interesse an der Frage wuchs, warum das Gleiche nicht mit Nusscreme möglich sein sollte? Ich recherchierte, fand aber keinerlei Informationen über ein oder zwei Kilo schwere Nusslaibe. Warum hatte das noch niemand ausprobiert, fragte ich mich. Vielleicht habe ich es auch nur nicht gefunden. In diesem Moment jedenfalls half mir wie so oft in meinem Leben der klassische Spruch: »Geht nicht, gibt's nicht!«, und ich versuchte mein eigenes Glück.

So konzentrierte ich mich auf die drei gepressten Laibe aus Cashewkernen, Sonnenblumenkernen und Erdnüssen und die zwei nicht gepressten Laibe, den Algenlaib und den Hartgereiften Laib. Zunächst blieb ich bei meinem Konzept aus Bambusformen und Plastikbehältern und vergrößerte nur das Volumen. Bambusgarer gibt es in verschiedenen Größen und Plastikbehälter oder Schüsseln hat man immer zu Hause.

Gepresste Laibe größer

Zum Pressen verwendete ich drei verschiedene Größen von Bambusgarern.

Sonnenblumenlaib, Cashewlaib und Erdnusslaib im Bambusgarer

Bambusgarer	Durchmesser	Höhe	Nüsse (Trockengewicht)	Wiederholung des Grundrezeptes
Klein	13 cm	3,5 cm	225 g	1 × Grundrezept (s. S. 66, 67 oder 77)
Mittel	18 cm	3,75 cm	450 g	2 × Grundrezept
Groß	23 cm	4 cm	900 g	4 × Grundrezept

Für die größeren Bambusformen legte ich mir größere Tücher zu, die zudem etwas feiner waren und sich besser an die Formen anpassten. Zum Pressen verwendete ich weiterhin Steine und Bücher. Da ein größerer Laib allerdings mehr Gewicht brauchte, wurde es langsam schwierig. Einige meiner Bücher-Stein-Türme sind mir umgefallen, weil der Laib darunter fleißig fermentierte und brodelte. Das Gewicht reichte nicht aus, der Turm hob sich und fiel um. Hier musste wohl bald eine neue Methode her.

Auch die Pflege der größeren Laibe sah anders aus, da sie langsamer trockneten. Anfangs ließ ich sie länger auf einem Plastikbrett oder Teller stehen, da sie auf Holz festkleben würden. Außerdem war es ein wenig schwieriger, die Laibe in ihrer Form zu halten. Ich musste sie hin und wieder spachteln und modellieren. Der Erdnusslaib trocknete außen sehr schnell und riss gerne auf. Ein großer ist mir sogar einmal komplett auseinandergebrochen. Daraufhin stellte ich ihn nur noch in der mittleren Bambusform her. Da die Bambusformen jedoch sehr flach sind, lässt sich alles ganz gut handhaben. Für mich war es eine gute Erfahrung, bevor ich zu richtig großen Laiben überging. Flache Nusslaibe trocknen trotz allem relativ schnell, vor allem wenn sie gepresst sind. Der Nachteil der flachen Laibe ist, dass sich meines Erachtens das Aroma der Reifung nicht so gut entfalten kann. Das stellte ich erst später fest, als ich große und vor allem höhere Käseformen ausprobierte (s. ab S. 131).

Nusslaibe aus verschieden großen Bambusformen

Nicht gepresste Laibe größer

Auch der Hartgereifte und der Algenlaib wuchsen nun in größeren Kunststoffbehältern zu ansehnlichen Nusslaiben heran. Der Algenlaib blieb mit seinen Cashewkernen und Kürbiskernen im Verhältnis 3:1.

Algenlaib und Hartgereifter Laib im Kunststoffbehälter

Behälter	Durchmesser	Höhe	Nüsse (Trockengewicht)	Wiederholung des Grundrezeptes
Klein	10 cm	8 cm	250 g	1 × Grundrezept (s. S. 79 oder 82)
Mittel	14,5 cm	8 cm	500 g	2 × Grundrezept
Groß	19 cm	8 cm	750 g	3 × Grundrezept
Größter	20,5 cm	11 cm	1000 g	4 × Grundrezept

Die doppelte und die dreifache Version gingen noch relativ unkompliziert. Doch bei einem Kilo wurde es abenteuerlich, weil die Masse in den Behältern anfangs noch weiterfermentierte. Daher habe ich für diese Ausgangsmenge einen Herstellschritt verändert. Die Masse des Hartgereiften Laibs ließ ich, wie beim Algenlaib, erst im geschlossenen Behälter zwei Tage reifen. Anschließend habe ich sie kräftig umgerührt. Dabei verschwanden die Luftblasen, die durch die Fermentation entstanden waren. Erst dann habe ich die Masse in eine mit Folie ausgelegte Schüssel gegeben. Danach dauert es länger, bis die Oberfläche angetrocknet ist. Mit drei bis vier Tagen muss man auf jeden Fall rechnen, bevor man den Laib umstürzen kann.

Spachteln ist bei diesen beiden Laiben noch wichtiger, da sie, obwohl sie mit weniger Wasser püriert wurden, feuchtere Massen haben, weil sie nicht gepresst wurden. Aber es funktionierte alles gut, die Laibe wuchsen und ich war durchaus zufrieden mit den Ergebnissen. Man braucht Geduld und viel Liebe, denn alle Laibe haben etwas Besonderes. Sind sie dann gereift und getrocknet, sind alle ein Gaumenschmaus.

Während dieser ganzen Zeit des Ausprobierens und Lernens hatte ich auch einige Workshops über das Fermentieren gehalten. Danach musste ich immer wieder feststellen, dass die meisten Teilnehmer zu Hause nicht damit weitermachten, Nusslaibe zu fermentieren. Sie fragten mich, ob ich meine Laibe verkaufen würde. So begann ich, sie zumindest auf den Seminaren anzubieten, denn ich wünschte mir, dass die Menschen in den Genuss dieser Leckereien kommen könnten. Auch Freunde und Nachbarn fragten immer wieder nach »Quesos de Steffi« (Steffis Käse). Durch Freunde in Buenos Aires und den Inhaber eines vegetarischen Restaurants wurde ich dann endgültig motiviert, meine Nusslaibe im kleinen Rahmen zu produzieren und zu verkaufen.

Damit war es an der Zeit, wieder einen Schritt weiterzugehen und mir professionelles Zubehör anzuschaffen. Die Herstellung sollte praktischer und effektiver werden,

Ein Kilo schwerer Algenlaib, zwei Monate gereift

ich wollte keine Folie mehr verwenden und weniger spachteln. Außerdem sollten die Nusslaibe noch größer werden und ich wollte endlich richtige, hohe Käseformen nutzen. Ein Zwei-Kilo-Laib schwebte mir vor! Meine Idee war, große Nusslaibe herzustellen, sie dann aufzuschneiden und stückweise zu verpacken. Wir kauften kistenweise Cashewkerne, Sonnenblumenkerne und riesige Beutel Erdnüsse. Unser Haus wurde zu klein. Einige der Kisten mussten wir unter dem Bett lagern und träumten so schon von Cashewkernen. Mein Partner baute ein Regal aus Pappelholz zur Lagerung der Nusslaibe, welches im Wohnzimmer stand, bis wir schließlich eine neue Bleibe fanden und in ein Strohballenhaus mit einer Speisekammer umzogen. So entstand das neue Projekt mit dem Namen »QueSemilla«, was so viel bedeutet wie »WelchKern«!

Erst jetzt legte ich mir einen Blender zu. Auch wenn der Großteil der Rezepte im ersten Teil des Buches genauso mit einem Blender ausgeführt werden kann, durchlebte ich jegliche bisherige Erfahrung mit dem Stabmixer und mein rechter Arm war außerordentlich kräftig geworden. Es war mir wichtig zu zeigen, dass man mit einfachen Haushaltsgeräten und selbst zusammengesuchten Käseformen gut arbeiten kann, damit jeder diese Rezepte leicht zu Hause nachmachen kann.

Der nun folgende zweite Teil geht eher in Richtung einer kleinen professionellen Produktion, wofür ich mir das eine oder andere Zubehörteil anschaffte. Außer dem Blender waren es keine großen Investitionen. Doch selbst wenn es nur für den Eigenbedarf ist und jemand Spaß am Fermentieren hat, lohnt es sich auf jeden Fall, die eine oder andere richtige Käseform und einen Blender anzuschaffen. Auch würde es mich freuen, wenn der nächste Teil des Buches dazu motiviert, eine kleine Produktion zu starten. Es wäre doch toll, wenn man die Nusslaibe auf der ganzen Welt finden könnte!

Bilder folgende Seite oben: Hartgereifter, Cashewlaib und Algenlaib
unten: Große Laibe aus der Ringform

3 Kg
CAPACITY 3kg
SENSITIVITY 10g
2500g
500g
2 Kg
1 Kg
1500g

Teil 2: große Laibe

Die perfekte Konsistenz

Es war kaum zu glauben! Die erste Cashewcreme, die ich in meinem gerade ausgepackten neuen Blender püriert hatte, übertraf alle meine Erwartungen. Eine Konsistenz cremiger als Sahne, die weiß schimmernd auf das Brot floss. In diesem Moment fragte ich mich, wie man nach dem Genuss dieser Cashewsahnecreme jemals wieder auf Milchprodukte zurückgreifen könnte? Ich jedenfalls konnte es nicht. Alles machte ich damit, überall war diese Creme drin, und auch die neue Version von gekochten Sahnesauen war einfach nur himmlisch.

Mir war nun klar, dass dies der Schritt zu einer professionellen Produktion war, und ich konnte es kaum abwarten, die ersten Nusslaibe mit dieser Konsistenz auszuprobieren. Vorerst blieb ich bei meinen Bambusformen und bereitete nur einen kleinen Laib zu. Das war gut so, denn die cremige Masse stellte mich vor neue Herausforderungen, nämlich den Laib zu trocknen, ohne dass er seine Form verlor. Hinzu kam, dass der Blender etwas mehr Flüssigkeit brauchte, damit er beim Pürieren nicht überhitzte, was ebenfalls das Trocknen verlangsamte. Der Vorteil des Ganzen war, dass selbst ein kleiner, flacher Laib innen noch lange feucht blieb und somit langsam reifen konnte.

Der Blender als Mixgerät in Teil 2 und Teil 3 des Buches

In Teil 2 und Teil 3 des Buches – ab jetzt – gebe ich bei Rezepten nur die Flüssigkeitsmengen für den Blender an, nicht zusätzlich auch für den Stabmixer. Einige Rezepte werden mit dem Blender-Aufsatz für dickflüssige Massen hergestellt. Dies erwähne ich an den entsprechenden Stellen.

Auch die Cremes aus Sonnenblumenkernen und Erdnüssen hatten sich schlagartig verändert. Vorher spürte man bei den Sonnenblumenkernen immer ein wenig die feinen Häute der Körner. Mit dem Blender konnte ich eine wesentlich homogenere Masse herstellen, wenn auch nicht ganz so fein wie eine Cashewcreme. Die Erdnusscreme war weniger sandig. Beim Trocknen bildeten alle Laibe eine schöne gleichmäßige Rinde, auch wenn der Erdnusslaib nach wie vor schneller trocknete und dazu tendierte, einzureißen.

Nach einiger Erfahrung wagte ich mich an die mittlere und große Bambusform heran und erzielte genauso gute Ergebnisse. Die großen Laibe ließ ich einige Tage länger in der geöffneten Form antrocknen, bevor ich sie stürzte. Das verhalf ihnen zu einer festeren Konsistenz, bevor ich sie vom Tuch befreite. Weil all diese Formen flach sind, ist es nicht so schwierig, die Laibe zu handhaben. Man muss sie anfangs ein wenig vorsichtiger umdrehen und sollte sie möglichst nicht anfassen, weil die Masse instabiler ist.

Bereite ich die Nussmassen für Cashewlaib, Sonnenblumenlaib und Erdnusslaib im Blender zu, verwende ich mehr Flüssigkeit als bei der Zubereitung mit Stabmixer.

Die folgende Übersicht nennt die Grundrezepte für die entsprechenden Kerne mit angepassten Flüssigkeitsmengen für die Herstellung im Blender. Für mittlere und große (Bambus-)Formen müssen die Angaben entsprechend verdoppelt oder vervierfacht werden (s. S. 84). Die Angaben beziehen sich auf das Trockengewicht der Kerne, das heißt, sie müssen vorher eingeweicht werden.

Cashewlaib	**Sonnenblumenlaib**	**Erdnusslaib**
225 g Cashewkerne	*225 g Sonnenblumenkerne*	*225 g Erdnüsse*
175 ml Wasser	*225 ml Wasser*	*225 ml Wasser*
75 ml Rejuvelac	*75 ml Rejuvelac*	*75 ml Rejuvelac*
2 TL Salz	*2 TL Salz*	*2 TL Salz*

Bilder links: Kleiner Blender-Aufsatz für dickflüssige Massen,
Nussmasse des Hartgereiften Laibs und
Cashewlaib aus der kleinen Bambusform (von links nach rechts)

Die ersten Hartgereiften Laibe aus dem Blender – erst zusammengesackt und dann in Ufo-Form gebracht!

Ein wenig anders verlief die neue Produktion des Hartgereiften und des Algenlaibs, da für deren Massen sehr wenig Flüssigkeit verwendet wird. Mein Blender hat für diesen Fall einen besonderen Aufsatz (Twister Jar), der speziell für schwere Massen ausgelegt ist. Man kann damit sogar Erdnussbutter machen, ohne jegliche Flüssigkeit hinzuzufügen. Die Mengenangaben für die Rezepte dieser beiden Laibe (s. ab S. 79 und S. 82) habe ich daher nicht verändert. Wer keinen solchen Aufsatz hat, kann die Masse aber auch mit ein wenig mehr Flüssigkeit herstellen und braucht eventuell etwas mehr Geduld beim Trocknen.

Ich arbeitete für diese beiden Laibe noch mit den Plastikbehältern, probierte auch hier zuerst einen kleinen Laib aus und steigerte mich bis zu einem Kilo Trockengewicht. Bei diesen beiden Nusslaibsorten machte sich die feine cremige Masse hinsichtlich des Trocknens viel stärker bemerkbar. Das lag daran, dass die Behälter nicht flach, sondern relativ hoch waren. Meine ersten kleinen Laibe sahen lustig aus, eher wie kleine Ufos! Natürlich ließ ich sie vor dem Umstürzen mehrere Tage zum Antrocknen offen stehen, doch sie fielen zum Teil sehr zusammen. Erstaunlich ist jedoch, dass man alle Laibe immer wieder herrichten kann. Sie können völlig aus der Form geraten – dann spachtelt man sie einfach wieder hübsch zurecht. Mit der Zeit bekam ich Übung und auch das Raumklima spielte eine große Rolle. Ich war dankbar für meine neue kühle Speisekammer, wo mir sogar Ein-Kilo-Hartgereifte und -Algenlaibe gelangen.

Eine weitere wichtige Neuigkeit war zu verzeichnen, die ich bisher noch nicht angesprochen habe. Die Konsistenz der Cashewlaibe, die ich mit dem Blender herstellte, führte dazu, dass sie nicht so schnell austrockneten wie die vorigen mit Stabmixer pürierten. Dies gab ihnen die Fähigkeit, zu zerlaufen, wenn man sie über heiße Gerichte reibt. Ich war wieder mal fasziniert und spürte, dass mein Wunsch nach dem »Großen Laib« bald in Erfüllung gehen würde!

Der Traum wird wahr

Nun war ich ganz nah dran, mein Ziel zu erreichen, einen gigantischen Nusslaib herzustellen. Nach den Erfahrungen von Laiben aus dem großen Bambusgarer wagte ich das nächste Abenteuer. Ich wollte keine flachen Formen mehr, denn ich stellte mir vor, wie die Nussmasse innerhalb eines Laibs besser reifen könnte, wenn seine Form höher wäre. Bei verschiedenen Händlern für Käsezubehör wurde ich fündig und schaffte mir einige neue Gerätschaften an.

Edelstahlformen

Die erste Form, die ich fand, war eine klassische Käseform aus Edelstahl von 19 cm Durchmesser und 11 cm Höhe. Diese hatte nur am Boden und im Deckel Löcher und war für 900 g Nüsse (Trockengewicht) geeignet.

Danach fand ich noch eine zweite Edelstahlform von 24 cm Durchmesser und 12 cm Höhe, was sich nicht viel größer anhört, doch tatsächlich passte die doppelte Menge Nussmasse hinein. Sie war für 1800 g Nüsse (Trockengewicht) ausgelegt und hatte auch an den seitlichen Wänden Löcher, damit die Flüssigkeit besser ablaufen kann. Aus dieser Form sollte mein »Superlaib« herauskommen. Edelstahl ist unter den Metallen für die Nusslaibherstellung geeignet, allerdings lege ich die Formen immer mit einem Tuch aus.

Presse

Hier musste mein Partner ran, denn ich fand keine Käsepresse, die mich überzeugte, und so entstanden zwei selbst gebaute Pressen jeweils entsprechend der Größe der neuen Formen.

Matte und Rost

Käsematten konnte ich hier bei uns nicht finden. Daher erstand ich in der Barbecue-Abteilung eines Küchengeschäfts einen normalen Grillrost und eine dünne Matte, die normalerweise auf den Grill gelegt wird. Ich wollte die Laibe nicht direkt auf den Rost legen und fand diese Matte sehr praktisch. Das Ganze sollte hauptsächlich dazu dienen, den Laib von unten zu belüften, während er trocknet. Es nennt sich auch Reifegitter und zwischenzeitlich habe ich mir einige angeschafft und ein Reifegitter auch selbst gebaut. Heute verwende ich sie eher für bereits länger gereifte Laibe.

Große Baumwolltücher

Bereits für die großen Bambusformen hatte ich mir Mullstoff vom Meter besorgt, so konnte ich verschiedene Größen entsprechend meiner neuen Formen selbst zuschneiden. Der Stoff war wesentlich dünner als mein voriges Geschirrtuch und hatte keine Karomuster mehr. Mir gefiel der neue, etwas feinere Look des Abdrucks auf den Nusslaiben.

Metall beim Fermentieren

Wichtig ist es, keine Behälter, Löffel oder Spachtel aus Metall zu verwenden, da die Säure das Metall angreifen kann und außerdem die Mikroorganismen Metall nicht mögen. Edelstahl bietet hier eine Ausnahme, jedoch würde ich den Kontakt über längere Zeiträume ebenfalls vermeiden.

Entstehung des ersten Großen

Mutig nahm ich die neuen Formen, reinigte sie mit Alkohol und kochte die Tücher aus. Als Auffangbecken für die Flüssigkeit beim Pressen verwendete ich eine große, runde Kuchenform und stellte eine kleine Bambusform hinein, die als Ständer dienen sollte. Auf die Bambusform kam nun die mit dem Tuch ausgelegte Edelstahlform.

Nun galt es, die Nussmasse zu machen, ich hatte 1800 g Cashewkerne eingeweicht. Das war achtmal das bisherige Ausgangsrezept von 225 g Trockengewicht. Natürlich war klar, dass nicht alles auf einmal in meinen Blender hineinpasste. Dies war bereits so, als ich die große Bambusform für das Vierfache des Grundrezeptes nutzte. Bei Cashewkernen passte in meinen Blender zweimal das Grundrezept hinein, also 450 g (Trockengewicht). Bei 1800 g Trockengewicht musste ich also viermal 450 g Trockengewicht verarbeiten. Auf S. 120 befindet sich eine Tabelle, die das Ganze übersichtlicher macht.

Die fein pürierte Nussmasse gab ich in die vorbereitete Form und es erschien mir gigantisch. Sie lief fast über und war wirklich bis zum Rand gefüllt. Später merkte ich, dass das wohl gut war, da sie beim Pressen natürlich etwas kleiner wurde. Das Tuch band ich nicht zu, wie es manchmal empfohlen wird, sondern schlug alle vier Ecken eine nach der anderen übereinander. Meine tolle neue Form hatte einen Deckel, welchen ich über das gefaltete Tuch legte, und der ganze »Blech-Bambus-Nusslaib-Turm« kam in die neue Presse. Ich schraubte sie zu, anfangs nicht ganz so fest, damit die Masse nicht herausgequetscht wird. Dies ist vor allem beim cremigeren Cashewlaib wichtig. Nach einer Stunde zog ich die Schrauben etwas nach. Da Cashewkerne nicht so viel Flüssigkeit beim Pressen verlieren, braucht man zwischendurch das Blech nicht unbedingt auszuleeren. Bei Sonnenblumenkernen läuft eher eine wässrige Flüssigkeit heraus, die ich nie weiterverwendet habe. Wie bereits erwähnt, kann man aber die Erdnusssahne ganz toll zum Kochen verwenden, vor allem für asiatische Gerichte. Etwas vorgegriffen sei erwähnt, dass Sesamsahne und vor allem Mandelsahne wirklich vorzüglich sind!

Zwei Tage ließ ich den großen Laib in der Presse. Später habe ich diese Zeit auf einen Tag reduziert. Das reicht normalerweise, damit die Flüssigkeit herausgepresst

Zum Vergleich: Cashewlaib aus der großen Bambusform (links) und mein Traumlaib, hergestellt mit der großen Edelstahlform aus 1800 g Trockengewicht (rechts)

wird. Als ich ihn öffnete, stand ich erst mal vor einem Topf voll weicher Nussmasse und wusste nicht so recht, ob ich sie vielleicht besser auslöffeln sollte. Es hatten sich trotz des Pressens viele Luftblasen gebildet, sodass keine richtig feste Masse entstanden war, wie ich sie von den kleinen Laiben gewohnt war. Ich entschied mich, sie einfach kräftig umzurühren, damit sich die Luftblasen auflösten. Das funktionierte sehr gut und der Laib sackte etwas zusammen, ihm ging sozusagen die Luft aus, sodass ich mit meinem Spachtel eine glatte Oberfläche formen konnte. Diese spontan entwickelte Technik war für alle weiteren Cashewlaibe unvermeidlich und trug dazu bei, dass die großen Laibe später besser in Form blieben und gleichmäßiger trocknen konnten.

Fünf Tage ließ ich ihn in der Form mit dem offenen Tuch stehen und achtete nur darauf, dass sich nicht irgendwo im Tuch Schimmel bildete. Aber es blieb alles gesund und die Oberfläche war ansatzweise getrocknet. Meine Teller waren zu klein und ich wollte ihn nicht auf ein Holzbrett stürzen. Das war der Moment, den neuen Rost mit der Matte auszuprobieren. Doch wie sollte ich dieses schwere Monstrum auf den unhandlichen Rost bekommen? Ehrlich gesagt, ich weiß es nicht mehr. Mein Partner und ich haben das Ding irgendwie umgedreht. Auf dem Rost lief natürlich erst mal einiges der Masse durch die Öffnungen der Matte, allerdings nicht so viel, wie ich zuerst dachte. Der Laib setzte sich recht gemütlich auf seine neue Oberfläche, langsam nahm ich die Edelstahlform ab und ließ vorsichtshalber zunächst das Tuch daran kleben. Ich hatte das Gefühl, es halte den Laib zusammen, und genauso ließ ich ihn einen weiteren Tag stehen. Am nächsten Tag zog ich das etwas angetrocknete Tuch vorsichtig ab, und siehe da, er behielt sogar seine Form.

Mir war klar, dass er eine Weile auf diesem Rost bleiben musste, bevor ich ihn erneut umdrehen konnte. Täglich sah ich nach ihm. Wenn er etwas aufbrechen wollte, spachtelte ich die Masse wieder zusammen und nach einer weiteren Woche konnte ich ihn auf ein Brett umdrehen. Die Kanten reparierte ich ein wenig mit dem Spachtel und er trocknete weiter. Nach insgesamt drei Wochen hatte er bereits eine dünne trockene Rinde, ich hob ihn aber noch nicht hoch, sondern drehte ihn immer mit zwei Brettern um. Hier sei erwähnt, dass Sommer war und die Laibe schneller trockneten. Es war ein spannender Prozess, aber ich wusste, dass ich hier wohl noch einiges lernen musste, um die Produktion großer Laibe einfacher zu gestalten.

Mein Traumlaib

Es war also geschafft! Mein Ziel war erreicht. Ich hatte einen Nusslaib hergestellt, der unglaubliche 2,5 Kilo wog! Nach sechs Wochen Reifung wurde er angeschnitten und dabei war alle Aufregung der Produktion vergessen. Er sah perfekt aus, roch richtig käsig und war innen noch schön feucht. Er hatte eine halbfeste Konsistenz, genauso wie ich sie mir vorgestellt hatte. Man konnte ihn in Scheiben schneiden, ohne dass sie zerbrachen, und die Form glich endlich einem richtigen herkömmlichen Käselaib und nicht einem Fladenbrot aus Bambusformen, die ich natürlich genauso gerne mochte! Doch muss ich zugeben, dass ich die Bambusformen nach dieser Erfahrung nur noch einige wenige Male verwendete. Alles hat seinen Sinn und Zweck im entsprechenden Moment und sie waren mir sehr nützlich. Vielleicht enden sie dereinst in einem Nusslaibmuseum.

Herstellung eines gepressten Nusslaibs am Beispiel eines Cashewlaibs aus 900 g Trockengewicht

Die Edelstahlform auf eine Bambusform (o. Ä.) in die Auffangschale stellen, mit einem ausgekochten Tuch auslegen, die Nussmasse ein-

Das Tuch zuschlagen, die Form mit dem Deckel verschließen und den »Nussturm« in die Presse stellen.

Am nächsten Tag das Tuch vorsichtig öffnen.

Die Masse kräftig umrühren (bei anderen Kernen nicht notwendig).

Die Oberfläche glatt streichen und mit Salzwasser besprühen.

Nach zwei bis drei Tagen, wenn die Oberfläche ausreichend angetrocknet ist, den Laib auf ein Plastikbrett stürzen und die Form abnehmen.

Das Tuch vorsichtig abziehen und den Laib etwas glatt spachteln. Bei Bedarf mit einem Tortenring stützen.

Kommen wir nun zu den Sonnenblumenkernen und Erdnüssen. In der Herstellung kann ich bei beiden pro Ladung keine 450 g Trockengewicht in den Blender geben, weil sie etwas mehr Flüssigkeit beim Pürieren benötigen. Auch sind sie härter und es entstehen leichter Luftblasen. Also machte ich eine neue Berechnung. Eine Ladung entsprach 300 g Trockengewicht, sodass ich einen 1800-g-Laib im Blender in sechs Portionen teilen musste (s. auch Tabelle S. 120). Das Pressen funktionierte genauso gut, vielleicht sogar besser, weil diese Kerne die Flüssigkeit wesentlich leichter verlieren. Hier sollte man eventuell nach den ersten zwei Stunden die Flüssigkeit abgießen, je nachdem wie groß die Auffangschale ist.

Gepresster Sonnenblumenlaib aus 900 g Trockengewicht, sechs Wochen gereift

Sonnenblumenkerne sind wirklich eine Wohltat beim Trocknen und Umdrehen. Als ich das Tuch öffnete, musste ich nur die Oberfläche ein wenig vom Abdruck der Falten glatt streichen, und das ist fast die einzige Arbeit an der Rinde, die zu tun ist. Selbst der große Laib trocknete schnell an, sodass ich ihn nach zwei Tagen schon auf ein Holzbrett stürzen und sogar gleich das Tuch abziehen konnte. Der Sonnenblumenlaib bekommt eine gleichmäßige Rinde, bricht nicht auf, man kann ihn schon sehr früh mit den Händen anfassen und er reift dann gemütlich vor sich hin. Somit ein idealer Käse für den Verkauf, weil er nicht ganz so viel Arbeitsaufwand benötigt. Sein Geschmack ist durch die neuen Formen anders. Auch hält er durch die hohe Form lange die Feuchtigkeit. Durch die längere Reifung wird er etwas milder, bekommt jedoch oft einen interessanten scharfen Nachgeschmack.

Der Erdnusslaib schmeckte mir nach wie vor besser, wenn er nicht zu lange reifte. Dieser sehr milde Laib ist wohl derjenige, bei dem man am ehesten erkennt, aus welcher Nuss er gemacht wurde. Der Effekt der inneren streichbaren Konsistenz bei knuspriger Rinde lässt sich mit den großen Laiben noch besser erzielen. Selbst die großen Laibe trocknen außen sehr schnell und man muss darauf achten, dass die Rinde nicht reißt oder der Laib auseinanderbricht. Die kleine Edelstahlform funktioniert relativ problemlos. Ein weiteres Abenteuer bei dieser Nuss waren die Schimmelpilze, für die ich allerdings bei allen Laiben eine Lösung finden musste.

Große käseförmige Laibe sind also etwas ganz Besonderes und ich war glücklich, sie herstellen zu können. Doch sie brauchen eine besondere Pflege und dazu musste ich mir einiges einfallen lassen. Vor allem wollte ich mit dem Verkauf beginnen und brauchte dafür eine Produktion, auf die ich mich verlassen konnte. Denn handgemachte Nusslaibe hören sich nett an, aber zerbrochene Nusslaibstücke sind nicht unbedingt attraktiv. Somit war mein Traum erfüllt, doch die Arbeit ging weiter.

Einige Herausforderungen

Sonnenblumenlaib

Beginnen wir beim unkompliziertesten Laib. Wie bereits beschrieben, gab es mit Sonnenblumenkernen keine großen Probleme. Das Einzige, was hin und wieder passierte, war, dass die Laibe außen dunkelbraun bis schwarz wurden. Hauptsächlich passierte das dort, wo der Deckel der Form auf dem Laib aufliegt. Vielleicht hat es mit Oxidation zu tun, weil dort die Form nicht hundertprozentig verschlossen ist. Manche Laibe behielten auch ihre hellgraue Farbe. Ein Grund dafür könnte die Qualität der Kerne sein. Eine Zeit lang bekamen wir keine Bio-Sonnenblumenkerne und genau bei diesen konventionellen Kernen stellte ich fest, dass sie nicht schwarz wurden. Daraus schloss ich, dass die Verfärbung etwas Natürliches der Kerne sein müsse. Ursache mag ein Zusammenwirken von enthaltenen Mineralstoffen und enzymatischen Reaktionen sein. Bisher hatte ich noch keine Untersuchungen vornehmen lassen. Jedoch hatte ich bereits so viel Erfahrung und Vertrauen in den Fermentierungsprozess entwickelt, dass ich wusste, dass die schwarze Rinde nicht schädlich ist.

Auch innen wurden die Laibe etwas dunkler, wenn sie länger gereift waren, allerdings eher gleichmäßig bräunlich, nicht unbedingt fleckig schwarz. Natürlich fragte ich mich, ob die dunkle Farbe die Leute wohl abschrecken würde, den Laib zu verzehren. Auf Bio-Kerne wollte ich nicht verzichten, schließlich sollte es ganz natürlich sein. Und ich sagte mir, dass es anderswo auf der Welt gänzlich schwarz angeschimmelte Käse zu kaufen gibt, die eine Delikatesse sind. Tatsächlich hat die Farbe den Verkauf nicht negativ beeinflusst. Im Gegenteil, die neuen großen Laibe waren beliebter als die kleinen, da der wesentlich länger gereifte Sonnenblumenlaib milder schmeckte, je älter er war.

Erdnusslaib

Einige Male verwendete ich die große Form für den Erdnusslaib, doch nie hat es fehlerfrei funktioniert. Entweder ist er auseinandergebrochen oder in den Rissen der Rinde hat sich Schimmel gebildet. Hinzu kam, dass sich der Geschmack nicht wesentlich durch eine längere Reifung verändert hat. Die Konsistenz wurde eher trockener und sandiger. Daher war es mir nicht wichtig, einen ganz großen Erdnusslaib herzustellen. Die kleine Edelstahlform fand ich wesentlich effektiver für diese Nuss, und in ihr ist der

Großer Erdnusslaib mit Rissen

Laib wirklich schmackhaft geworden, auch im Vergleich zu den Bambusformen. Aus dieser Form entsteht ein fast rundlicher Laib und das scheint der Erdnuss zu gefallen.

Erdnüsse sind wesentlich anfälliger für Schimmel als andere Kerne und man muss unbedingt auf eine gute Qualität achten, sie nur vorgeröstet kaufen und nicht zu lange lagern. Einmal hatte ich den direkten Vergleich zwischen einem älteren und einem neu geöffneten Paket Erdnüsse und daraus hergestellten Laiben. Die neuen Nüsse ließen auf der Rinde keinen Schimmel entstehen. Allerdings hatte ich zu der Zeit auch begonnen, meine Laibe außen einzusalzen, was für die Erdnusslaibe sehr wichtig ist. Ab S. 103 beschreibe ich meine erste Erfahrung mit dieser Technik.

Cashewlaib

Die weiche Masse der Cashewkerne macht es einem nicht leicht bei der Produktion von großen und hohen Laiben. Daher war es gut und wichtig, erst einmal die kleinen auszuprobieren. Dabei fand ich folgende Lösungen für Probleme:

Doppelte Tücher

Nachdem ich die Presse etwas besser kennengelernte hatte und die Laibe stärker presste, lief nicht nur die Flüssigkeit durch die neuen dünneren Tücher ab, sondern auch die Cashewmasse wurde durch das Tuch gepresst und lief heraus. Die Lösung war einfach, nämlich zwei Tücher übereinander zu verwenden. Die anderen Laibe stellte ich nach wie vor mit nur einem einzelnen Tuch her.

Tortenring als Stütze (links) und eingesalzener Cashewlaib (rechts)

Tortenring

Der sensibelste Moment ist der, wenn der Laib aus der Form gestürzt wird. Um ihm in diesem Moment ein wenig zu helfen, verwendete ich einen verstellbaren Tortenring als Stütze. Diesen hatte ich schon vorher für die Bambusformen angeschafft, wobei er nie zum Einsatz gekommen war.

Wenn ich also einen Laib stürzte, zog ich gleich das Tuch ab (nicht wie bei meinem ersten Cashewlaib, bei dem ich es einen Tag antrocknen ließ) und versorgte den Laib sofort mit dem stützenden Tortenring. Ansonsten würde er an dieser Stelle zusammenfallen. Vor dem nächsten Umdrehen öffnete ich den Ring, drehte den Laib um und legte den Ring wieder an. Der Laib kann durch diese Technik natürlich seine Originalform verändern und ein ganz wenig flacher werden. Daher ist es wichtig, dass der Tortenring verstellbar ist. Den Ring verwende ich je nach Klima während der ersten ein bis zwei Wochen. Beim Umdrehen merkt man, wie fest der Laib bereits ist und wann er ohne Ring auskommt. Diese Technik ist normalerweise nur für den Cashewlaib notwendig. Lediglich dem Sesamlaib habe ich ihn ebenfalls ab und zu zur Hilfe angelegt (s. S. 118).

Einsalzen

Ein heikles Thema sind die kleinen Risse, die die Cashewmasse während der Trocknungszeit auf der Oberfläche zeigt. Es ist nicht so wie bei der Erdnuss, dass der Laib richtig auseinanderbricht. Die Gefahr besteht eher darin, dass es in den Rissen feucht bleibt und damit eine Umgebung für Schimmelpilze entsteht. Bei den kleinen Cashewlaiben war das kaum ein Thema, weil sie keine große Oberfläche haben und natürlich insgesamt wesentlich schneller getrocknet sind.

Wie schützen Käsereien ihre Käse vor Schimmel? Als Erstes wurde mir erklärt, dass Käse außen immer etwas schimmelt, es sei denn er wird chemisch behandelt oder in Wachs getaucht. Letzteres stoppt allerdings die weitere Reifung. Beides kam für mich nicht in Frage und ich griff auf die traditionelle Methode zurück, das Einsalzen. Einreiben mit Salz beugt nicht nur Schimmel vor, sondern entzieht dem Laib auch die Feuchtigkeit, sodass sich schneller eine Rinde bildet. Das überzeugte mich und ich probierte verschiedene Methoden aus.

Zunächst stellte ich eine 15-prozentige Salzlake her: Auf 1 Liter gefiltertes Wasser gebe ich 150 g Meersalz oder Himalayasalz.

Um die beste desinfizierende Wirkung zu erreichen, darf das Salz nicht verschmutzt sein. Einmal ist mir das mit einem Meersalz von schlechter Qualität passiert. Eine Zeit lang verwendete ich auch herkömmliches Kochsalz, da es nur auf die Rinde kommt. Bei gesundheitlichen Bedenken kann man diese später notfalls abschneiden. Heute verwende ich ausschließlich rosa Himalayasalz.

Mit der Hand einreiben, wie man es bei Hartkäse macht, kam natürlich bei der weichen Nusslaibmasse nicht in Frage. So machte ich meine ersten Versuche mit dem bereits liebgewonnen Spachtel. Ich tauchte ihn einfach in die Salzlake, wenn ich den Laib sowieso nach dem Öffnen der Form spachteln musste. So bekam er gleich eine äußere Salzschicht, wenn er aus der Form geholt wurde. Wenn ich ihn umdrehte, schaute ich ihn jedes Mal genau an, und wenn Risse auftauchten, befeuchtete ich diese und konnte dadurch die Masse so weit aufweichen, dass sich die Risse wieder schlossen. Dies war für mich ein enorm wichtiger Moment, denn das Einsalzen schlug gleich zwei Fliegen mit einer Klappe: Ich hatte eine tolle Technik, um Risse zu reparieren, und ich konnte schädlichen Schimmel vermeiden. Ein weiterer Aspekt war, dass sich die Rinde der Laibe tatsächlich schneller bildete. Ich war begeistert, denn meine Produktion fühlte sich wesentlich sicherer und professioneller an.

Einmal machte ich ein Experiment und tauchte einen kleinen Cashewlaib in eine Salzlake und ließ ihn ein bis zwei Stunden darin schwimmen. Da man ihn nicht anfassen kann, wenn er frisch aus der Form kommt, hatte ich ihm eine Art Sieb gebastelt, mit dem ich ihn wieder herausfischen konnte. Schlecht fand ich das Ergebnis nicht. Der Laib hatte eine tolle glatte Oberfläche bekommen, aber leider seine Form ein wenig verloren. Bei einem kleinen Laib macht das nichts, aber für einen großen Laib wäre dieses Verfahren wohl nicht anwendbar. Er würde wahrscheinlich in der Salzlake komplett auseinanderfallen. Doch es war ein interessanter Versuch.

Später war mir das Einsalzen mit dem Spachtel nicht mehr effektiv genug, denn trotz Reparatur der Risse glichen manche Rinden der Salzwüste in Bolivien. Einen meiner großen Cashewlaibe taufte ich daher »Salar de Uyuni«. Zu dieser Zeit hatte ich gerade eine große Produktion gemacht und überließ sie meinem Partner zur Pflege, während ich in Deutschland meine Familie besuchte. Er kam auf die Idee, die Salzlake in einen Blumensprüher zu geben und die Laibe damit zu besprühen. So einfach sind manchmal die Lösungen, und seitdem ist dies meine Pflegetechnik, um die Oberfläche der Laibe so lange frei von Schimmel zu halten, bis sie gleichmäßig getrocknet ist, ohne dass viele Risse entstehen.

So war das Einsalzen sicherlich der wichtigste Schritt, um einen großen Cashewlaib trocknen und reifen zu lassen. Trotz der Hindernisse fand ich es immer wieder erstaunlich, dass die Laibe stets ihre Form fanden und gelangen. Ganz beenden konnte ich meine Suche aber noch nicht, denn meine Neugierde für weitere Techniken ließ mir keine Ruhe.

Colgado oder Apretado?

Es gibt einige Käsesorten in Spanien und Italien, die nicht in einer klassischen Käseform hergestellt werden. Fündig wurde ich bei einem Käse aus Menorca, der sich Mahón nennt. Die Käsemasse wird in ein Tuch gefüllt und dieses mit einer Kordel und einem Holzstückchen zugebunden, ohne einen Knoten zu machen. Danach wird die Masse ohne Form gepresst, nur das Tuch hält sie zusammen. Ein anderer italienischer Käse wird zum Reifen aufgehängt und man sieht die Abdrücke der Kordel in der Rinde. Das hörte sich ganz nach Handarbeit und meinem Geschmack an. Gesagt, getan, füllte ich Cashew-Nussmasse in ein Tuch, knotete es kunsthandwerklich zu und hängte den Nusslaib in meine Speisekammer. Ich nannte ihn »Colgado«, der »Aufgehängte«. Als ich ihn nach einem Monat wieder abnahm, erwartete mich eine Überraschung. Die Nussmasse war durch das Trocknen kleiner geworden und heruntergesackt. Dadurch hatte sich ein Luftloch inmitten des Laibs gebildet, worin ein blauer Schimmel entstanden war. Der erste Versuch hatte also leider nicht geklappt, auch wenn der Colgado eine unterhaltsame Abwechslung war.

Tuch-Press-Technik

Erst ein paar Jahre später kam ich darauf, eine neue Variante des Colgado auszuprobieren. Diesmal hielt ich mich an die Herstellungsweise vom Mahón und hängte den Laib nicht auf, sondern presste ihn ohne Käseform nur im Tuch (s. Fotos ab S. 108).

Da es ein Cashewlaib war, verwendete ich zwei Tücher übereinander, um die Creme nicht herauszupressen. Dann suchte ich den großen Dampfgarer wieder heraus, um das mit Nussmasse gefüllte Tuch daraufzulegen und als Abtropfsystem zu verwenden. Der Laib nahm zwar ein wenig die Form des Dampfgarers an, aber letztendlich hielten die Tücher die Masse zusammen und pressten sich fest an den Laib an.

Mit der Tuch-Press-Technik hergestellte Laibe: Cashewlaib (links und Mitte), Sesamlaib (rechts)

Nach dem Pressen stürzte ich den Laib mit der geschnürten Seite nach unten auf ein Holzbrett und ließ ihn einige Tage mit den Tüchern trocknen, bevor ich begann, ihn auszupacken: Nach drei Tagen drehte ich den Laib um und lockerte ein wenig die Enden der Tücher auf der zugebundenen Seite, ließ das Band aber noch verschlossen. Nach weiteren zwei Tagen öffnete ich vorerst nur das äußere Tuch und ließ ihn nochmals zwei Tage mit dem inneren Tuch trocknen. Dann endlich öffnete ich das zweite Tuch und strich die Oberfläche mit dem Spachtel glatt. Die Unterseite blieb weiterhin auf den Tüchern liegen. Bereits am nächsten Tag drehte ich den Laib um und zog vorsichtig beide Tücher nacheinander ab. Der Laib blieb ein wenig am Tuch kleben, doch hatte er sich in eine Grundform gesetzt und ich konnte mit dem Spachtel die wenigen Unschönheiten beseitigen.

Anschließend sprühte ich ihn mit Salz ein und drehte ihn alle zwei bis drei Tage um. Nach Bedarf pflegte ich kleine Risse, die hin und wieder entstanden. Doch war ich erfreut, dass sich diese wirklich in Grenzen hielten. Das Pressen im Tuch hatte den Laib in eine gute Form gebracht und er konnte in Ruhe trocknen und reifen. Diese Technik ist für den Cashewlaib offenbar eine tolle Alternative.

Herstellung eines Cashewlaibs mit der Tuch-Press-Technik

Die Nussmasse in eine mit Tuch ausgelegte Schüssel geben (beim Cashewlaib zwei Tücher verwenden) und das Tuch mit einem Bindfaden fest zubinden. Je nach Höhe der Auffangschale eine oder zwei Bambusformen (o. Ä.) in die Auffangschale stellen und den zugebundenen Laib darin platzieren. Ein Brett darauf legen und alles in die Presse stellen. Anfangs nicht zu stark pressen, lieber den Druck später erhöhen.

Am nächsten Tag den Nusslaib aus der Presse holen, samt Tuch auf ein Brett stürzen und zwei bis drei Tage antrocknen lassen.

Nun das Tuch vorsichtig öffnen und die Oberfläche des Laibs mit dem Spachtel etwas verschönern (oben).
Nach zwei bis vier Tagen das Tuch komplett abziehen und die Oberfläche glatt streichen (unten).
Ab jetzt alle zwei bis drei Tage umdrehen, damit der Nusslaib trocknen und reifen kann.

Der Geruch, der mir bereits bei der Pflege dieses speziellen Laibs entgegen kam, faszinierte mich und mir gefiel besonders die kunsthandwerkliche Form. Er ist zwar eher flach geworden, aber ich vermute, durch das anfängliche Reifen im Tuch entwickelt er ein besonderes Aroma. Als ich ihn nach zwei Monaten Reifezeit anschnitt und probierte, erinnerten mich der Geruch sowie der Geschmack tatsächlich an den gesunden Teil des Colgado. Die gleiche Technik habe ich mit Sesam ausprobiert – mit fantastischem Ergebnis. Das Pressen im Tuch ist also für Cashewkerne sowie Sesamkörner sehr gut geeignet. Mittlerweile hat diese Technik bei mir einen sehr hohen Stellenwert, weil diese Laibe in Aussehen, Geruch und Geschmack überzeugen. Der Colgado hat sich also in einen »Apretado« verwandelt, der »Aufgehängte« wurde zum »zusammengedrückten Laib«. Nach diesem romantischen Ausflug zur eher künstlerischen Art der Nusslaibherstellung kommen wir nun zurück zur klassischen Produktion.

Neue Technik mit Ringen

Mir fehlte noch eine neue Methode, die Produktion des Hartgereiften und des Algenlaibs zu verbessern, um auch hier an einen Zwei-Kilo-Laib heranzukommen. Der bisher größte dieser Laibe bestand aus einem Kilo Trockengewicht. Außerdem wollte ich keine Plastikfolie mehr verwenden und die Produktion vereinfachen, sodass ich nicht jeden Laib so viel spachteln musste, wenn ich ihn aus der Form stürzte.

Feste Ringe und neue Bretter

Beim Käsereizubehör stieß auf große Käseringe. Bereits Erfahrung hatte ich mit den Tortenringen, die allerdings nur dann helfen, wenn der Laib schon eine Form hat und man ihn nur stützen möchte. Die festen Ringe aus dem Käsereibedarf sind aus einem dickeren Kunststoff, also wesentlich stabiler, und sie sind nicht verstellbar. Ich erstand vier Stück mit 24 cm Durchmesser und 7,5 cm Höhe. Dazu besorgte ich mir runde Kunststoffbretter mit 34 cm Durchmesser. Der Ring wird auf das Brett gestellt und die Nussmasse direkt dort hineingegossen, ohne Plastikfolie! Deshalb ist es wichtig, dass der Ring dick und stabil ist, da sonst die Masse unten wieder hinausläuft.

Die erste Ringproduktion

Nun war ich gespannt, wie die Laibe mithilfe der Ringe werden würden. Die Ringe waren nicht sonderlich hoch, daher kalkulierte ich, dass ein Laib aus 1,5 kg Trockengewicht hineinpassen müsste. Die Nussmassen stellte ich entsprechend der Rezepte ab S. 79 und S. 82 mit dem Blender-Aufsatz für dickflüssige Massen her.

Beim Hartgereiften mixte ich sechsmal das Rezept, um das Trockengewicht von 1,5 kg zu verarbeiten. Das Rezept selbst blieb gleich.

Weil der Algenlaib aus zwei verschiedenen Kernen hergestellt wird, berechnete ich ihn neu, um jede Ladung im Blender voll auszunutzen. Den Anteil der Kürbiskerne reduzierte ich zudem von einem Viertel auf ein Sechstel. Die folgende Übersicht zeigt die neue Berechnung des Algenlaibs. Die Angaben beziehen sich auf das Trockengewicht und die Kerne müssen vorher eingeweicht werden.

Bilder rechts: Die Masse für Nusslaibe aus Ringformen fermentiert erst ein bis zwei Tage in einem Behälter. Dann kommt sie in den Ring, der auf einem Plastikbrett steht.

Algenlaib aus 1,5 kg Trockengewicht im Ring

Cashewmasse (5 ×)
250 g Cashewkerne (Trockengewicht)
100 g fermentierter Miso-Tofu (s. S. 61)
100 ml Wasser
2 TL Salz

Kürbiskernmasse (1 ×)
250 g Kürbiskerne (Trockengewicht)
100 g fermentierter Miso-Tofu
100 ml Wasser
2 TL Salz
1 TL Spirulina oder Chlorella

Bevor die Ringe zum Einsatz kamen, gab ich die pürierte Nussmasse vom Hartgereiften Laib zuerst in einen großen Plastikbehälter. Die beiden Massen des Algenlaibs füllte ich getrennt voneinander ebenfalls ab. In diesen verschlossenen Behältern fermentierten die Massen zwei Tage bei Zimmertemperatur. Sie werden nicht gleich in die Ringe gegeben, weil sie beim Fermentieren etwas aufgehen und sich Gase und Luftblasen entwickeln. Als ich die Behälter nach zwei Tagen öffnete, rührte ich die Massen kräftig mit einem Plastiklöffel um, um die Luftblasen verschwinden zu lassen.

Nach dem Umrühren gab ich die Massen in die Ringe, den Algenlaib natürlich schön marmoriert. Sie passten bei beiden Laiben perfekt hinein und ich glättete die Oberflächen mit der Teigkarte. Die Ringe waren randvoll, ich stellte sie vorsichtig in meine kühle Speisekammer und wartete zwei Tage. Hat man keinen kühlen Ort, kann man sie auch einige Tage in den Kühlschrank stellen. Es passierte mir durchaus, dass sie im Sommer in den ersten Tagen in den Ringen noch etwas weiterfermentierten und aufgingen. Doch regelte sich das von alleine, das Gas ging irgendwann raus und die Laibe wurden auf der Oberfläche wieder flach. Der Kühlschrank stoppt oder verlangsamt die Fermentation und es entstehen nicht so viele Gase und Blasen, daher kann es durchaus sinnvoll sein, die Laibe anfangs einige Tage so zu lagern. Zwei Wochen ließ ich sie in den Ringen und drehte sie alle zwei Tage samt den Ringen auf die neuen Kunststoffbretter um. Diese Technik ist sehr einfach und der Laib kann dabei nicht auseinanderbrechen. Die beiden großen Oberflächen trocknen langsam und der Laib wird immer fester.

Der Nusslaib wird samt Ring alle zwei Tage umgedreht (oben links). Zieht man das Brett ab, eignet sich erst ein Spachtel (oben rechts) und anschließend eine Teigkarte (unten links) sehr gut, um die Oberfläche wieder glatt zu bekommen. Nach etwa zwei Wochen kann man den Ring vorsichtig abziehen. Dann nochmals glatt streichen und weiter trocknen und reifen lassen (unten rechts).

Algenlaib und Hartgereifter Laib – zwei bis drei Monate gereift, zwei Kilo schwer

Um Schimmel vorzubeugen und der Nussmasse Feuchtigkeit zu entziehen, besprühte ich sie von Anfang an mit Salzlake, immer die Oberfläche, die gerade oben war. Sollten sich kleine Risse bilden, kann man diese ebenfalls mit wenig Salzwasser wieder zuspachteln. Allerdings passiert das bei dieser Art von Laiben fast gar nicht. Der Algenlaib hatte bei mir noch nie Risse und der Hartgereifte nur selten, wenn das Klima sehr trocken war. Somit sind diese beiden Arten von Nusslaiben leicht zu pflegen.

Nach zwei Wochen kann der Ring vorsichtig nach oben abgezogen werden. Dann bleibt der Laib alleine stehen und ist bei mir danach noch nie zusammengesackt. Er hat eine sehr schöne gleichmäßige Form. Damit nun auch der äußere Rand trocknet, muss man sich nochmals etwa zwei Wochen gedulden und ihn weiterhin alle zwei Tage umdrehen. Jetzt kann man dafür ein Holzbrett verwenden. Mit Salz würde ich den Laib an dieser Stelle nicht mehr einsprühen, damit er außen besser trocknet.

Diese beiden Laibe sind nach sechs bis acht Wochen fertig, können aber bis zu sechs Monate reifen, vor allem, wenn man sie zum Reiben verwenden möchte.

Für mich waren die Ringe ein absoluter Erfolg und eine unglaubliche Arbeitserleichterung bei eindeutig besserem Ergebnis. Es waren zwar keine Zwei-Kilo-, sondern nur 1,5-Kilo-Laibe, sie sahen aber toll aus, wie professionell gemachte Käse, und ich mochte den Geschmack, wenn sie länger reiften. Mein ältester war wohl sieben bis acht Monate alt. Der Hartgereifte wurde würzig und kräftig, der Algenlaib ein wenig pikant. Beide zerliefen noch besser auf heißen Gerichten.

Auch wenn es die guten Bakterien leider nicht überleben würden, könnte man beide Laibe sogar zum kurzen Überbacken verwenden. Wer der Verlockung eines überbackenen Gerichtes mit geriebenem Nusslaib nicht widerstehen kann, sollte darauf achten, ihn nicht zu lange im Ofen zu lassen, da die geriebenen Laibe schneller anbrennen als Kuhmilchkäse. Überbacken oder nicht, fürs Auge machen sie jedenfalls so einiges her.

Kleine Ringe

Für Nussmasse mit geringem Flüssigkeitsgehalt, wie dem Hartgereiften und dem Algenlaib, kann man Ringe in unterschiedlichen Größen verwenden. Die Herstellung funktioniert immer auf die gleiche Weise, egal, wie groß die Ringe sind.

Ab S. 151 und S. 155 beschreibe ich meine Versuche mit verschiedenen Fermenten, Kräutern und Gewürzen. Dafür wollte ich keine großen Formen nehmen, schließlich wusste ich nicht, ob mir die Laibe gelingen und schmecken würden. Bei uns gab es keine kleinen Ringe zu kaufen und ich bekam den Tipp, einfach ein lebensmittelechtes Wasserrohr zu zerschneiden. So stellte ich mehrere kleine Ringe mit 7,5 cm Durchmesser und 6 cm Höhe auf ein Kunststofftablett und füllte sie mit verschiedenen Nussmassen. Ein solch kleiner Laib braucht 125 g Trockengewicht, ich habe aber immer zugleich zwei oder besser noch vier Laibe mit der selben Masse gemacht, damit sich das Füllen des Blenders lohnte. Der Vorteil der kleinen Ringe ist, dass man die Masse ruhig mit mehr Flüssigkeit herstellen kann. Für mich bedeutet das, dass ich sie nicht mehr im speziell für dickflüssige Massen ausgelegten Aufsatz pürieren musste, wie den Hartgereiften und den Algenlaib, sondern den großen (normalen) Behälter verwenden konnte. Bei Cashewkernen konnte ich somit vier kleine Laibe auf einmal pürieren, und zwar 500 g Trockengewicht. Für eine Produktion sind solche Entwicklungen sehr wertvoll, weil man damit Zeit und Arbeit spart und den Blender weniger oft benutzt. Natürlich sind dafür später die Laibe klein und brauchen eine andere Pflege, und auch das Geschmackserlebnis ist ein anderes. Beide Versionen haben ihre Vorteile und Nachteile, und große sowie kleine Ringe ergeben tolle Nusslaibe.

Hier der Vergleich des Wassergehaltes zwischen großen und kleinen Ringen am Beispiel des Hartgereiften Laibs (die Kerne natürlich vorher einweichen):

Hartgereifter Laib, großer Ring

250 g Cashewkerne (Trockengewicht)
150 ml Wasser
2 TL Miso-Paste (s. S. 150)
2 TL Salz
Bierhefe, Kräuter

Kleiner Blender-Aufsatz
(Spezialaufsatz für dickflüssige Massen):
pro Ladung nur 1 × die Menge verwenden

Hartgereifte Laibe, kleine Ringe

250 g Cashewkerne (Trockengewicht)
200 ml Wasser
2 TL Miso-Paste
2 TL Salz
Bierhefe, Kräuter

Großer Blender-Aufsatz
(normaler Behälter):
pro Ladung kann die doppelte
Menge verwendet werden

Wie wir bereits wissen, muss man also für einen großen Laib mit 1,5 kg Trockengewicht sechsmal diese Menge mit dem kleinen Aufsatz des Blenders pürieren. Bei den kleinen Ringen erhält man aus 1,5 kg trockenen Cashewkernen zwölf kleine Laibe, muss den großen Aufsatz des Blenders aber nur dreimal beladen. Dies ist der Unterschied bei der Herstellung der Nussmasse.

Die kleinen Laibe sind auch weniger aufwendig beim Trocknen und brauchen nicht so viel Pflege, da sie keine große Oberfläche haben, die aufreißen könnte. Sie können – je nachdem wie viele von ihnen auf einem Tablett stehen – alle zugleich auf ein neues Brett umgedreht werden. Ich habe sie sogar nur einmal pro Woche umgedreht, also wesentlich seltener als die großen Laibe. Die kleinen Ringe kann man je nach Klima nach zehn bis 14 Tagen abziehen, die Laibe können nach zwei bis drei Wochen angefasst werden und sind nach vier bis fünf Wochen fertig. Danach sollte man sie entweder essen oder verpacken, da sie aufgrund ihrer Größe schneller austrocknen.

Diese kleinen Ringe sind vor allem für Cashewlaibe hervorragend geeignet. Sie gelingen bestens, bleiben innen ein wenig frischer, mit einer Konsistenz fast noch zum Streichen, je nachdem wie lange man sie reifen lässt. Es ist kein Vergleich zu einem lang gereiften Laib, aber eine tolle Alternative und für eine größere Produktion, vor allem wenn man sie verkaufen möchte, mit wesentlich weniger Arbeit verbunden.

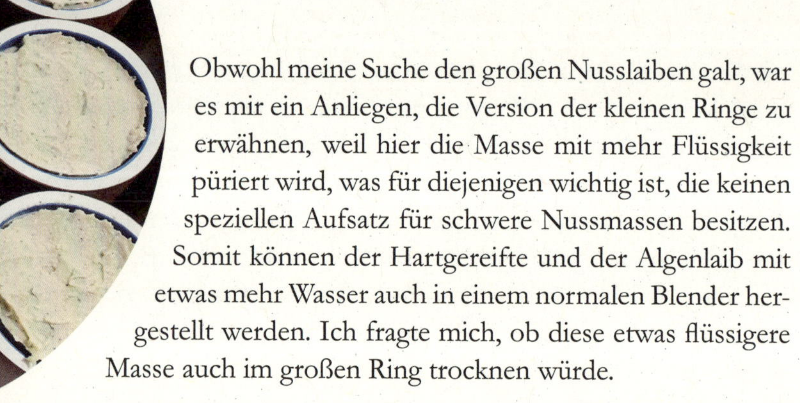

Obwohl meine Suche den großen Nusslaiben galt, war es mir ein Anliegen, die Version der kleinen Ringe zu erwähnen, weil hier die Masse mit mehr Flüssigkeit püriert wird, was für diejenigen wichtig ist, die keinen speziellen Aufsatz für schwere Nussmassen besitzen. Somit können der Hartgereifte und der Algenlaib mit etwas mehr Wasser auch in einem normalen Blender hergestellt werden. Ich fragte mich, ob diese etwas flüssigere Masse auch im großen Ring trocknen würde.

Feuchtere Masse in großen Ringen

Einige Zeit später machte ich genau dieses Experiment. Zum Pürieren mit dem normalen Blenderbehälter wählte ich die Wassermenge, die ich für die kleinen Ringe verwendet hatte, und die Masse sollte im großen Ring reifen. Das Ergebnis war durchaus erfolgreich. Der beste Vergleich zeigte sich am Hartgereiften Laib. Ich stelle ihn mit entsprechend mehr Flüssigkeit her und pürierte die Nussmasse im großen Blender-Aufsatz. Dies erleichterte mir die Arbeit sehr und sparte Zeit bei der Produktion. Den Ring konnte ich bereits nach zwei Wochen abziehen, aber wie erwartet brauchte der Laib länger zum Trocknen und länger, bis man ihn mit den Händen anfassen konnte. Die Reifung verlief ebenfalls ein wenig anders. Er wurde insgesamt nicht so hart wie ein Laib, der von vornherein mit weniger Flüssigkeit hergestellt wird. Aroma und Geschmack nahm ich als nicht ganz so kräftig wahr, sodass mit dieser Technik eher milde Nusslaibe entstehen. Es sind allerdings sehr feine Unterschiede, die sich ergeben, wenn die Herstellung und Reifung verändert werden. Denn es war ein durchaus gelungener und geschmackvoller Laib, der pur zum Essen wie zum Reiben bestens geeignet war. Also hat auch diese Variante der großen Ringe ihren Stellenwert. Sie zeigt außerdem, dass man durch lediglich unterschiedliche Wassermengen verschiedenartige Ergebnisse erzielen kann. Grundsätzlich kommt es darauf an, welches Ziel man verfolgt und welche Art von Nusslaib man kreieren möchte.

An dieser Stelle wird deutlich, wie tief wir schon in die Materie eingedrungen sind und wie wichtig ein paar Milliliter Wasser mehr oder weniger sein können. Trotz all meiner Angaben bleibt Ihnen jedoch das eigene Probieren und Erfahren nicht erspart, denn jeder Mixer püriert anders und jedes Klima trocknet und reift unterschiedlich. So haben sich wohl auch in den vielen Jahrhunderten die verschiedenen Käsesorten, die es heute gibt, entwickelt. Arbeiten wir also weiter an den kleinen Unterschieden und lassen ganz viele neue Nusslaibsorten entstehen.

Bilder rechts: Die drei Phasen des Sesamlaibs: frische Creme, reifender Laib und acht Monate gereifter Sesamlaib

Der Sesam-Erfolg

Die Idee dieser neuen Nusslaibsorte begann in der Praxis meiner Tierärztin. Als wir einmal über meine Laibe sprachen, hatte sie versehentlich »Sesam« statt »Cashew« gesagt. Nach diesem Versprecher waren wir uns einig, dass ein Sesamlaib wahnsinnig nährstoffreich sein würde und sicherlich ein voller Erfolg. Dieser Gedanke ließ mich nicht mehr los, auch wenn ich diesen Laib erst viel später das erste Mal ausprobierte.

Bisher hatte ich Sesam nur für Tahini verwendet und konnte mir nicht vorstellen, dass Sesam mit Wasser püriert schmecken würden. Ich verwendete weißen Sesam, damit der Laib schön aussähe, und pürierte die Masse im normalen Blenderbehälter. In der Tat schmeckte die frische Creme entsetzlich und roch fürchterlich. Zum Glück hatte ich nur einen kleinen Laib von 225 g Trockenmasse in der mit Stein beschwerten Bambusform vorgesehen. Doch ich wollte ihm eine Chance geben und wartete.

Als ich das Tuch nach zwei Tagen öffnete, roch die Masse noch mehr und ich schaute sie traurig an, blieb aber optimistisch. Ich versuchte, dem Laib die gleiche Liebe zu geben wie den anderen, holte ihn aus der Form und drehte ihn jeden Tag um. Dabei stellte ich fest, dass er eine schöne Oberfläche bekam und sich sehr leicht handhaben ließ, sobald er nur ein bisschen getrocknet war. Der Geruch ließ etwas nach, er wurde ein wenig milder und erschien mir angenehmer. Anschließend probierte ich gleich einen 900-g- und später einen 1,8-kg-Sesamlaib aus. Zum Einweichen gab ich die Körner in einen Sprossenbeutel, so ließ sich die größere Menge leichter abgießen.

Zutaten für den Sesamlaib

225 g weiße Sesamkörner (Trockengewicht, vorher einweichen)
175 ml Wasser
75 ml Rejuvelac
2 TL Salz

Die 900-g-Laibe gelingen gut, nur manchmal brauchte ich für ein oder zwei Tage den verstellbaren Tortenring als Stütze. Generell empfehle ich, den Sesamlaib nicht zu lange reifen zu lassen, da er ein wenig bröckelig wird, wenn er zu sehr trocknet. Ideal sind drei bis vier Monate. Der große Laib ist leider innen zusammengesackt und hat ein Luftloch mit Schimmel gebildet. Ich hatte ihn sieben Monate reifen lassen, was wohl zu lange für ihn war. Die kleinere Form für 900 g Trockengewicht scheint er lieber zu mögen. Später probierte ich erfolgreich die Tuch-Press-Technik (s. S. 106) mit Sesamkörnern. Dies wurde einer meiner besten Sesamlaibe. Daraus schließe ich, dass aufgrund der Konsistenz der Sesammasse eine flache Form vorteilhafter ist, damit sich innen keine Löcher bilden können. Auch kann man einen Sesamlaib nicht unbedingt in hauchdünne Scheiben schneiden, da er innen immer etwas weich bleibt. Deshalb ist eine hohe Form für ihn nicht so wichtig. So bekam ich mit der Zeit heraus, welche Form für welche Nuss oder welchen Kern am besten geeignet ist.

Doch dieses Kapitel würde wohl kaum »Der Sesam-Erfolg« heißen, wenn nicht am Ende ein erfolgreicher Laib herausgekommen wäre. Und so war es auch. Nach einigen Wochen schnitt ich den kleinen Laib an und mich erstaunte sehr, was aus dieser ungenießbaren Creme geworden war. Es war ein richtiger »Stinkelaib«, der jedoch kräftig und appetitlich roch, so wie fermentierte Sesamkörner eben riechen. Ich weiß nicht, womit ich ihn sonst vergleichen könnte, am ehesten vielleicht mit einem kräftigen Ziegenkäse oder einem alten Camembert, unter anderem aufgrund seines Fettgehaltes und der Konsistenz. Es fällt mir mittlerweile immer schwerer, Vergleiche zu ziehen, weil alle Laibe für mich so einzigartig sind. Der Sesamlaib hat ein ganz besonderes Fett, welches man vom Sesamöl her kennt. Dies macht ihn auch sehr mächtig im Vergleich zu anderen Nusslaiben. Er wirkt gehaltvoller als ein Cashewlaib, und je frischer er ist, desto strenger und »stinkiger« schmeckt er. Für mich ist er ein absoluter Klassiker geworden, der immer vorrätig ist, und meiner Tierärztin bin ich bis heute dankbar für ihren Versprecher.

Eingespielte Produktion

Die Entdeckungsreise kam nun an einen Punkt des Innehaltens, um die vielen Eindrücke zu verarbeiten und zu sortieren. Also kümmerte ich mich darum, die Produktion zu perfektionieren und zu vereinheitlichen. Sechs Produkte bot ich an.

- Cashewlaib: 1800 g und 900 g
- Sesamlaib: 900 g
- Sonnenblumenlaib: 1800 g und 900 g
- Erdnusslaib: 900 g
- Algenlaib: 1500 g
- Hartgereifter Laib: 1500 g

Für die vier Laibe aus den namensgebenden Kernen (Cashew, Sesam, Sonnenblume, Erdnuss) nutzte ich die Edelstahlformen und die Presse. Die anderen beiden Laibe, deren Basis Cashewkerne waren (Algenlaib, Hartgereifter), sollten in den großen Ringen trocknen. Ich erstellte mir eine Liste mit dem Basisrezept (225 g) und den entsprechenden Vervielfachungen, dem Trockengewicht und dem Gewicht der eingeweichten Kerne (dieses kann je nach Länge der Einweichzeit etwas variieren).

Die vier halbfesten Laibe (Cashewlaib, Sesamlaib, Sonnenblumenlaib, Erdnusslaib) püriere ich im großen (normalen) Blender-Aufsatz. Bei Cashewkernen und Sesam markierte ich die 450-g-Menge pro Blender-Ladung, bei Sonnenblumenkernen und Erdnüssen arbeitete ich mit 300 g Trockengewicht pro Ladung.

Mengenangaben für die eingespielte Produktion (farbig markierte Mengen entsprechen einer Blender-Ladung)

Halbfeste Laibe (püriert im normalen Blender-Aufsatz, gepresst, Zubereitung s. S. 98, 99)					
Trockengewicht	1800 g	900 g	450 g	300 g	225 g
Cashewlaib					
Cashewkerne, eingeweicht	2520 g	1260 g	630 g	420 g	315 g
Wasser	1400 ml	700 ml	350 ml	230 ml	175 ml
Rejuvelac	600 ml	300 ml	150 ml	100 ml	75 ml
Salz	16 TL	8 TL	4 TL	2,5 TL	2 TL
Sesamlaib					
Sesamkörner, eingeweicht	2670 g	1335 g	665 g	445 g	333 g
Wasser	1400 ml	700 ml	350 ml	230 ml	175 ml
Rejuvelac	600 ml	300 ml	150 ml	100 ml	75 ml
Salz	16 TL	8 TL	4 TL	2,5 TL	2 TL
Sonnenblumenlaib					
Sonnenblumenkerne, eingeweicht	3000 g	1500 g	750 g	500 g	375 g
Wasser	1800 ml	900 ml	450 ml	300 ml	225 ml
Rejuvelac	600 ml	300 ml	150 ml	100 ml	75 ml
Salz	16 TL	8 TL	4 TL	2,5 TL	2 TL
Erdnusslaib					
Erdnüsse, eingeweicht	2610 g	1305 g	650 g	435 g	325 g
Wasser	1800 ml	900 ml	450 ml	300 ml	225 ml
Rejuvelac	600 ml	300 ml	150 ml	100 ml	75 ml
Salz	16 TL	8 TL	4 TL	2,5 TL	2 TL

Die zwei harten Laibe (Algenlaib, Hartgereifter Laib) werden mit dem kleinen Aufsatz (Twister Jar) für schwere Massen verarbeitet. In diesen Aufsatz passen bei mir 250 g Trockengewicht pro Blender-Ladung. Deshalb markierte ich diese Menge in der Tabelle.

Aus den beiden Tabellen ist ersichtlich, wie viel Flüssigkeit und Salz man insgesamt für einen Laib von 1800 g und 900 g benötigt. Sind die Kerne eingeweicht, hilft die Tabelle, um die richtige Grammzahl pro Blender-Ladung abzuwiegen sowie die entsprechende Flüssigkeit abzumessen. Bitte die Flüssigkeitsmengen eventuell entsprechend des eigenen Mixers etwas anpassen, da jede Maschine andere Mengen verträgt oder nicht verträgt.

Harte Laibe (püriert im Blender-Aufsatz für schwere Massen, aus dem Ring, Zubereitung s. ab S. 110)					
Trockengewicht	1500 g	1250 g	1000 g	500 g	250 g
Algenlaib (Zubereitung s. S. 86)					
• *Cashewmasse*					
Cashewkerne, eingeweicht	—	1750 g	1400 g	700 g	350 g
Miso-Tofu	—	500 g	400 g	200 g	100 g
Wasser	—	500 ml	400 ml	200 ml	100 ml
Salz	—	10 TL	8 TL	4 TL	2 TL
• *Kürbiskernmasse*					
Kürbiskerne, eingeweicht	—	1800 g	1440 g	720 g	360 g
Miso-Tofu	—	500 g	400 g	200 g	100 g
Wasser	—	500 ml	400 ml	200 ml	100 ml
Salz	—	10 TL	8 TL	4 TL	2 TL
Chlorella	—	5 TL	4 TL	2 TL	1 TL
Hartgereifter Laib (Zubereitung s. S. 88)					
Cashewkerne, eingeweicht	2100 g	1750 g	1400 g	700 g	350 g
Wasser	900 ml	750 ml	600 ml	300 ml	150 ml
Miso-Paste	12 TL	10 TL	8 TL	4 TL	2 TL
Salz	12 TL	10 TL	8 TL	4 TL	2 TL
Bierhefe	12 EL	10 EL	8 EL	4 EL	2 EL
Kräuter, getrocknet	12 TL	10 TL	8 TL	4 TL	2 TL

Kommen wir nun zum Ablauf der Produktion. Dafür erstellte ich eine Übersicht, welche Arbeiten während der ersten Wochen zu verrichten sind.

Mein Ziel war es, nur alle zwei Tage mit den Laiben zu arbeiten, um nicht jeden Tag mit ihnen zu tun zu haben. Lediglich am Anfang muss man an zwei aufeinanderfolgenden Tagen arbeiten: Am ersten Tag muss man die Kerne abwiegen und einweichen, um sie am nächsten Tag weiterzuverarbeiten. Und weil ich die Masse nur noch einen Tag in der Presse lasse, muss auch hier am folgenden Tag gearbeitet werden. Anschließend brauchen sie nur alle zwei Tage gepflegt zu werden.

Produktionsablauf für halbfeste Laibe und harte Laibe

Halbfeste Laibe: Cashewlaib, Sonnenblumenlaib, Erdnusslaib, Sesamlaib	Harte Laibe: Algenlaib, Hartgereifter Laib
Tag 1	Tag 1
Nüsse wiegen und einweichen	Nüsse wiegen und einweichen
Tag 2	Tag 2
1. Tücher auskochen	1. Plastikbehälter desinfizieren
2. Formen desinfizieren	2. Nussmasse pürieren
3. Nussmasse pürieren	3. Masse in Plastikbehälter füllen
4. Formen befüllen und pressen	
Tag 3	Tag 3
1. Tuch öffnen	nichts
→ nur Cashew: Masse umrühren	
2. Oberfläche spachteln	
3. mit Salz besprühen	
Tag 4	Tag 4
nichts	1. Ringe und Kunststoffbrett desinfizieren
	2. Masse umrühren
	→ nur Algenlaib: marmorieren
	3. in die Ringe füllen und glatt streichen
	4. mit Salz besprühen
	5. in den Kühlschrank (je nach Klima)
Tag 5	Tag 5
1. aus der Form stürzen auf ein Kunststoffbrett	nichts
→ nur Cashew: mit Tortenring stützen	
2. mit Salz besprühen	

Alle Angaben zum Ablauf sind eine Empfehlung zur Orientierung. Ich habe sie mir erstellt, um bei der Produktion eine kleine Routine zu bekommen. Natürlich ist es wichtig, die Laibe immer mal wieder anzuschauen und an ihnen zu arbeiten, wenn es nötig ist. Je nach Klima oder Jahreszeit können sich die Zeiten des Fermentierens und des Umdrehens verkürzen oder verlängern. Die Nüsse und Kerne haben unterschiedliche Qualitäten, die Formen vielleicht andere Größen. Ich empfehle, meine Routinen einmal auszuprobieren, dabei die eigenen Erfahrungen zu dokumentieren, sodass man mit der Zeit den eigenen Ablauf entwickelt.

Halbfeste Laibe: Cashewlaib, Sonnenblumenlaib, Erdnusslaib, Sesamlaib	Harte Laibe: Algenlaib, Hartgereifter Laib
Tag 6	Tag 6
nichts	1. mit Ring auf Kunststoffbrett umdrehen
	2. Oberfläche spachteln und glatt streichen
	3. mit Salz besprühen
	4. nochmals 2 Tage in den Kühlschrank
Tag 7	Tag 7
1. auf Kunststoffbrett umdrehen	nichts
2. wenn nötig, salzen und spachteln	
→ nur Cashew: mit Tortenring stützen	
2. Woche	2. Woche
• alle 2 Tage auf Kunststoffbrett umdrehen	• alle 2 Tage mit Ring auf Kunststoffbrett umdrehen
• wenn nötig, salzen und spachteln	• wenn nötig, salzen und spachteln
→ nur Cashew: mit Tortenring stützen	• nicht mehr in den Kühlschrank stellen
3. Woche	3. Woche
• alle 2 Tage auf ein Holzbrett umdrehen	• den Ring abziehen
• nur Cashew: den Tortenring weglassen	• alle 2 Tage auf Holzbrett umdrehen
• nicht mehr salzen, höchstens Risse ausbessern	• nicht mehr salzen, höchstens Risse ausbessern
4. Woche	4. Woche
alle 2 Tage auf Holzbrett umdrehen	alle 2 Tage auf Holzbrett umdrehen
Jetzt sollten die Laibe so weit sein, dass man sie mit den Händen anfassen kann und sie auch nicht mehr gesalzen oder ausgebessert werden müssen. Sie werden einfach weiterhin alle 2 Tage umgedreht, bis die gewünschte Reifung abgeschlossen ist.	

Trocknen und Pflegen

Der größte Unterschied beim Trocknen von Nusslaiben im Vergleich zur Käseherstellung ergibt sich aus der Konsistenz der Nussmasse. Ein Käselaib ist nach dem Pressen fest und kann bereits angefasst werden, ein Nusslaib nicht. Das macht es anfangs so schwierig, mit ihm umzugehen. Die kritischste Zeit sind je nach Nussart die ersten zwei bis drei Wochen. Während dieser Zeit ist es wichtig, den Laib möglichst wenig zu bewegen. Je häufiger man ihn umdreht oder an ihm »herumdoktert«, desto mehr ist er in Bewegung und kann nicht entspannt seine Form finden. Je länger er in Ruhe gelassen wird, nachdem er aus der Presse oder dem Ring herausgekommen ist, desto besser setzt er sich und wird langsam und gleichmäßig fester. Danach, wenn die Laibe erst einmal ihre Rinde gebildet haben und diese gleichmäßig getrocknet ist, kann ihnen kaum noch etwas passieren. Dann können sie in Ruhe reifen und man braucht sie nur noch hin und wieder umzudrehen.

Prüfen sollte man die Nusslaibe in den ersten Wochen allerdings jeden Tag, auch wenn man sie nur alle zwei Tage umdreht. Dies ist nämlich die Zeit, in der sich möglicherweise Schimmel auf der Oberfläche bilden kann. Hier sei gesagt, dass man keine Angst vor Schimmel haben sollte. Besucht man eine Käserei, erkennt man, dass alle Käse außen schimmeln. Sie werden sogar verschimmelt stehen gelassen und erst vor dem Verkauf abgewaschen oder in gewissen Routinen immer wieder neu gewaschen und gebürstet. Nun wollte ich die Nusslaibe nicht verschimmeln lassen und auch nicht waschen und bürsten, zumindest habe ich das nicht ausprobiert. Ich habe eher darauf gesetzt, Schimmel zu vermeiden, und wenn er auftritt, ihn so schnell wie möglich zu beseitigen, sodass der Laib gesund zu Ende reifen kann. Ganz ohne Schimmel kann man vielleicht in einer sterilen Reifekammer erreichen. Das bringt jedoch auch einen anderen Geschmack mit sich. Die Lufttrocknung trägt schon sehr zum guten Aroma bei. Auf jeden Fall entsteht bei Nusslaiben weniger Schimmel als auf Käse einer handwerklichen Käserei.

An dieser Stelle möchte ich erwähnen, dass ich immer auch die Rinde esse. Bei Käse isst man sie meistens nicht mit, deshalb ist es nicht so schlimm, wenn ein wenig Schimmel darauf bleibt. Natürlich kann man den Nusslaiben auch einfach die Rinde abschneiden, wenn man sich nicht sicher ist. Mir war das immer zu schade und wenn man sie gut pflegt, denke ich auch nicht, dass es nötig ist. Hier folgen meine Erfahrungen und Empfehlungen zur Pflege.

Bilder rechts: Weißer Belag auf einem Cashewlaib und Kahmhefe auf Sauerkraut

Weißer Belag

Oft entstehen weiße Flecken auf der Rinde, selten auch großflächig, die man ganz leicht mit dem Messer abkratzen kann. Bei diesen Punkten kann es sich ganz einfach um Salzkristalle handeln, die vom Einsprühen kommen. Es können aber auch Hefen sein, die sich auf der oxidierten Oberfläche formen. Das ist ähnlich dem weißen Belag, den man manchmal auf Rejuvelac, Sauerkraut oder anderen Fermenten sieht. Es nennt sich Kahmhefe und ist ungefährlich. Sie bildet sich, weil die Lake – oder bei Nusslaiben die feuchte Oberfläche – voller Nährstoffe ist, und ist sogar ein Anzeichen dafür, dass die Fermentierung eingesetzt hat und die Transformation im Gange ist. Der Laib lebt also!

Auf dieser Kahmhefe können sich jedoch manchmal kleine Schimmelflecken bilden, die man beseitigen sollte (s. ab S. 126).

Schwarzer Belag

Zum Glück ist es mir nur einmal passiert, dass ich einen schwarzen Schimmel auf einigen kleinen Laiben entdeckte. Er war pelzig und wirkte unangenehm. Allerdings ließ er sich sehr leicht mit dem Messer entfernen. Danach sprühte ich die Laibe mit Salzwasser ein, lüftete und reinigte zusätzlich die Luft der Speisekammer, wonach

dieser Schimmel nicht mehr auftauchte. Wenn sehr viele Laibe gleichzeitig trocknen, ist die Gefahr größer, dass sich in der feuchten Luft Keime vermehren. Daher ist es wichtig, die Laibe nicht zu eng beieinander stehen zu lassen. Sie schaffen dann eine feuchte Umgebung um sich herum und trocknen auch langsamer. Je nach Klima kann das Nachteile in Form von Schimmel mit sich bringen. Eine reine Luft ist daher vor allem an Regentagen unerlässlich. Diese Art von Schimmel ist mir tatsächlich nur einmal passiert, ich wollte sie nur nicht unerwähnt lassen.

Blaue und grüne Schimmelpilze

Hin und wieder entdeckte ich einen bläulichen Fleck, der meistens nicht sehr groß wurde und auch gar nicht abstoßend wirkte. Es sah fast wie ein Edelschimmelpilz aus, wobei ich dies nie untersuchen ließ. Grüne Flecken schienen mir nicht sehr appetitlich und ich habe sie immer großzügig abgeschabt. Oft schien es, dass Schimmelpilze auf der Kahmhefe entstehen. Andere entstanden auch einfach so auf Laiben, die keine weißen Flecke gebildet hatten. Sie bilden sich nur an den Stellen, die mit der Luft in Berührung kommen. Unter der Rinde schimmelt es nicht. Selbst wenn ein Schimmel entlang eines Risses in den Laib vordringt, bleibt er nur an den Stellen des Risses. Er verbreitet sich nicht auf den ganzen Laib.

Generell bin ich der Ansicht, dass Schimmel unbedingt so früh wie möglich abgekratzt werden sollte, damit die Vermehrung unterbunden wird und der Laib gesund und in Ruhe reifen kann.

Rotschmiere

Eine orangerötliche schmierige Oberfläche entsteht bekanntlich auch bei der herkömmlichen Käseherstellung durch das Einreiben von Käselaiben mit Salzlake, Bier oder Wein. Nicht dass ich diese Technik absichtlich versucht hätte, aber durch das Besprühen mit Salzwasser entsteht vor allem beim Cashewlaib oft eine schmierige Oberfläche und sie wurde bei mir tatsächlich auch mal rötlich. Das fand ich sehr spannend, hatte kein unangenehmes Gefühl dabei, habe sie aber trotzdem etwas abgekratzt, wenn es zu viel wurde. Sie verschwindet von selbst, wenn die Laibe trocknen. Manchmal hinterlässt sie eine leicht rötliche Verfärbung auf der Rinde. Ein interessantes Phänomen, bei dem wiederum gilt, wem es nicht geheuer ist, schneidet vorsichtshalber die Rinde ab.

Ein Algenlaib mit Chiasamen hat am Rand einen kleinen blauen Schimmelfleck und etwas Rotschmiere (links). Diese Erdnusslaibe haben ungewöhnlich viel Rotschmiere gebildet (rechts).

Um Schimmelbildung zu vermeiden, sind die Umgebungstemperatur und vor allem die Luftfeuchtigkeit wichtig. Das Raumklima beeinflusst auch, wie schnell die Nusslaibe trocknen. Trocknen sie zu schnell, können sie aufreißen, und die Risse bieten eine für Pilze anfällige Umgebung. Das Einsprühen mit Salz sollte ebenfalls sehr vorsichtig passieren, denn das Salzwasser verändert die Luftfeuchtigkeit an dieser Stelle des Laibs. Sprüht man also zu viel Salzlake, entsteht ein feuchtes Klima direkt um die Laibe herum, ebenfalls mit der Möglichkeit zur Schimmelbildung. Dies ist vor allem ungünstig, wenn die Laibe noch auf Kunststoffbrettern stehen, da diese beim Besprühen nass werden und das Wasser nicht wie bei Holzbrettern aufgesaugt wird. Stehen die Nusslaibe zu dicht aneinander, kann sich auch das negativ auf die Umgebung auswirken, und die Laibe trocken dann wesentlich langsamer. Das konnte ich vor allem beobachten, als ich die Laibe mit den kleinen Ringen machte und zehn oder zwölf Stück auf einem Brett nah beieinander standen. Bei dieser Art von Herstellung habe ich die Laibe dann bei folgenden Produktionen nur ein einziges Mal ganz am Anfang mit Salzwasser besprüht und hatte trotz geringer Salzpflege ein wesentlich besseres Resultat und fast keinen Schimmelbefall mehr.

Man sieht, es ist einiges zu beachten und zu erfahren, damit die Produktion glatt läuft. Ich habe festgestellt, dass die Laibe bei 12 °C und 60 % Luftfeuchtigkeit am besten trocknen und reifen. Die Temperatur von 12 °C stoppt die Fermentation nicht gänzlich, lässt die Nussmasse aber auch nicht mehr aufgehen und Gasblasen bilden. Die Feuchtigkeit von 60 % ist niedrig genug, dass die Laibe langsam trocknen können, sich aber keine Risse bilden. Ist die Luftfeuchtigkeit höher, trocknen sie nur sehr langsam, die Rinde bleibt eher weich und die Gefahr für Schimmelbildung ist höher.

Die Pflege von Nusslaiben am Beispiel eines Cashewlaibs

Dieser Cashewlaib hat beim Trocknen einen großen Riss bekommen und ist etwas aufgegangen. Daher die Masse etwas mit dem Spachtel herunterdrücken. Dann die Oberfläche mit Salzwasser einsprühen, etwas glatt streichen und auf ein neues Brett umdrehe

oben: Nun das Tuch vorsichtig abziehen und die Ränder mit dem Spachtel verschönern (links).
Den Laib mit Salzwasser einsprühen und mit einem Tortenring stützen (rechts).

unten: Nach zwei Tagen den Laib wieder umdrehen – hier kann man den vorigen Riss noch erkennen (links).
Daher die Oberfläche wieder mit Salz einsprühen und glätten (rechts).

Der Raum sollte regelmäßig gelüftet werden. Bei mir ist das Fenster immer ein wenig geöffnet, wobei man im Sommer auf die Temperatur achtgeben muss und es tagsüber besser geschlossen hält. Auch sollten natürlich keine Schimmelpilze an den Wänden auftauchen, was in Kellerbereichen oder in einem feuchten Klima durchaus problematisch sein kann. Dann sollte man die Luft reinigen. Wenn die Umgebung nicht ideal ist und man kein geeignetes Raumklima bei sich entstehen lassen kann, bleibt immer die Möglichkeit, die Laibe im Kühlschrank reifen zu lassen. Meine Freundin lebte in Thailand und wollte dort einige meiner Rezepte ausprobieren. Dort ist die Luftfeuchtigkeit sehr hoch, vor allem während der Monsunsaison, und sie ließ die Nusslaibchen im Kühlschrank trocknen. Ich selbst habe einmal luftgetrocknete Nusslaibe in Buenos Aires ausprobiert, wo ebenfalls ein feuchtes Klima herrscht, und es war durchaus möglich, wenn auch nicht ideal. Es bildete sich keine starke und kräftige Rinde, und der Geschmack ist natürlich ein anderer als bei einem in trockenerer Umgebung gereiften Nusslaib.

Sicher kann man es nicht jedem Nusslaib recht machen, auch bräuchten die unterschiedlichen Nusssorten sicherlich ihre jeweils optimale Temperatur und Luftfeuchtigkeit für das beste Ergebnis. Vielleicht benötigen die Laibe auch während der Reifung unterschiedliche Umgebungen je nachdem, in welcher Woche der Reifung sie sich befinden. So detailliert habe ich das nicht untersucht, da ich eine kleine Produktion habe und bei mir alle Laibe zusammen in einem Raum auskommen müssen. Aus diesem Grund haben sich auch immer mal wieder kleine Schimmelpilze gebildet. Doch das Wichtigste ist, dass man sie ganz einfach entfernen kann. Denn sie sind normalerweise nur oberflächlich und wenn man sie gleich entdeckt, braucht man sie nur mit dem Messer abzukratzen oder ein kleines Stück herauszuschneiden. Anschließend einfach etwas Salzwasser darauf sprühen und mit dem Spachtel die Oberfläche wieder glatt streichen. Je reifer der Laib und je härter die Rinde ist, desto schwieriger gestaltet sich das Glätten, und eventuell sieht man die kleine Behandlung ein wenig. Doch je trockener die Laibe werden, desto weniger besteht auch die Gefahr, dass sich neuer Schimmel bildet.

Ich wunderte mich manchmal, wie sehr sich die Laibe selbst regenerierten. Wenn ich mich daran machte, ein wenig Schimmel abzukratzen, die Laibe auf ein frisches Brett umdrehte, sie je nach Bedarf nochmals mit Salzwasser besprühte, konnte ich an den darauffolgenden Tagen beobachten, wie einige Flecken, die nicht perfekt ausgebessert waren, von selbst verschwanden. Das Gleiche beobachtete ich in einem Glas Sauerkraut oder bei anderen Fermenten. Es bildete sich weiße Kahmhefe auf der Flüssigkeit und manchmal entstand auch Schimmel. Wird dieser aber entfernt, heilt sich das Ferment selbst, weil die guten Bakterien darin überwiegen und die nicht gewollten ausgelöscht werden.

Diese Beobachtung zeigt deutlich, welchen Einfluss eine gesunde Umgebung hat. Genauso muss es in unserem Körper zugehen. Genauso dürfte es sein, wenn wir zu viele ungünstige Bakterien zu uns nehmen und unseren Körper nicht reinigen, dann wachsen sie wohl einfach weiter. Wenn wir aber eine Reinigung durchführen und für das Wohl unserer Bakterien sorgen, sei es durch Entgiftung des Darms, gesunde Ernährung oder einen Spaziergang an der frischen Luft, um uns Sauerstoff zuzuführen, verändert sich das »Ambiente« unseres Körpers und die nicht erwünschten Bakterien verschwinden. Es klingt sehr logisch und die Nusslaibe haben mir dieses Konzept durchaus nähergebracht.

Manchmal weiß ich nicht, was mich mehr fasziniert. Ist es, zu sehen, wie sich jeder Nusslaib täglich verändert? Ist es die Spannung darauf, ihn bald probieren zu können? Ist es die Faszination, dass ich selbst dazu fähig bin, ein solches Lebensmittel herzustellen? Sind es der sich ändernde Geruch, die Reifung, die immer käseähnlicheren Züge, die mich veranlassen, jeden Tag nach den Laiben zu sehen? Genau kann ich es nicht sagen. Entwickeln sich einige oberflächliche Pilzkulturen, kratze ich sie ab, salze die Laibe neu, bringe sie mit dem Spachtel in Form – es ist wie die Pflege eines Lebewesens. Hinterher sehen alle wieder schön aus und glänzen, können gesund weitermachen in ihrem Transformationsprozess. Wohl vergleichbar mit Menschen, die mit Pflanzen sprechen und im Gemüsegarten die besten Resultate erzielen, weil sie einfach mit Liebe dabei sind, die Pflanzen diese positive und Kraft spendende Energie aufsaugen und in ihrem Wachstumsprozess widerspiegeln.

Es wird deutlich, dass der Trocknungsprozess viel wichtiger ist als die Herstellung der Nussmasse. Hier entscheidet sich, ob ein Nusslaib später gut aussieht und gut schmeckt. Die Pflege ist meiner Ansicht nach die eigentliche Arbeit der Nusslaibherstellung. Hieran erkennt der Genießer später, ob der Laib mit Liebe gemacht wurde.

Die Reifung

Während es beim Trocknen und Pflegen hauptsächlich darum geht, die Nusslaibe in ihrer Form zu erhalten und eine Schimmelbildung zu vermeiden, damit sie am Ende schön aussehen, gilt die Reifung dem Geschmack und der Konsistenz. Allerdings kann man dafür nicht viel mehr tun, als ihnen ein gutes Raumklima zur Verfügung zu stellen. Reifung heißt Geduld haben und warten. Natürlich können die Laibe nach vier bis sechs Wochen, wenn sie außen fest und trocken sind, bereits gegessen werden. Eigentlich kann man sie in jedem Moment des Trocknens anschneiden und essen.

Warum also reifen lassen? Weil sich der Geschmack und die Konsistenz verändern und damit weitere verschiedene Variationen von Nusslaiben entstehen. Wer experimentierfreudig ist, wird feststellen, dass die Nusslaibe jeden Tag Geschmack und Konsistenz verändern. So war mein Ziel, einen großen Nusslaib zu erschaffen, zwar bereits erreicht, doch wollte ich weiter gehen als das und einen uralten Cashewlaib im »Parmesan-Style« erreichen.

Nusslaibregal

Um die Laibe besser reifen zu lassen und nicht ständig umdrehen zu müssen, habe ich sie nicht mehr auf die Holzbretter gelegt, sondern direkt auf mein Regal aus Pappelholz. Das Regal hat keine geschlossene Holzfläche, sondern besteht aus Holzlatten, sodass die Nusslaibe auch von unten Luft bekommen.

Reifegitter

Eine noch bessere Variante ist ein Holzgitter. Mein Partner baute mir eines aus zwei Hölzern und Holzspießen. Darauf können die Nusslaibe, je nachdem in welchem Stadium sie sich befinden, ein bis zwei Wochen liegen bleiben, ohne dass die Unterseite – so wie auf einem Holzbrett – feucht wird und festklebt. Es ist gedacht für Laibe, die bereits vier bis sechs Wochen alt sind.

Reifezeiten

Jede Nussart ergibt als Nussmasse und damit als Nusslaib eine eigene Konsistenz. Das ist auch für die Reifung wichtig, denn eine nicht ganz so homogene Masse kann dazu führen, dass der Laib, wenn er zu lange reift und damit zu trocken wird, vor dem oder beim Anschneiden auseinanderbröckelt oder sich innen unbemerkt Schimmel bildet, weil Luftlöcher entstehen. Auch spielt die Form eine Rolle und natürlich die Größe. Ein großer Laib kann die Feuchtigkeit im Inneren wesentlich länger halten als ein kleiner Laib. Auch die flache Bambusform wird nie ein solches Aroma entwickeln können wie eine hohe Form.

Dies muss man immer in Betracht ziehen und so sind die folgenden Reifezeiten lediglich Anhaltspunkte, die meine Erfahrungen widerspiegeln. Vieles ist Geschmackssache, da muss jeder selbst ausprobieren, was gefällt und schmeckt. Mit der Zeit entwickelt man ein Gefühl dafür, wann der Laib reif ist. Ich habe oft gar nicht so viel nachgerechnet und nachgedacht, sondern den Moment gespürt, als ich einen Laib nicht mehr länger reifen lassen wollte.

Zur Orientierung folgen hier meine wichtigsten Erfahrungen mit großen Nusslaiben von ein bis zwei Kilo Gewicht aus den hohen Formen (den Kunststoffringen und Edelstahl-Käseformen).

* Der **Erdnusslaib** ist nach vier Wochen bereits fertig, könnte aber bis zu zwei Monate reifen, wenn er gut gepresst ist und nicht aufreißt. Danach hat er eine tolle äußere Rinde und ist innen noch recht frisch, was bei der eher körnigen Masse von Vorteil ist. Wenn er länger reift, wird er sehr trocken und verliert an Geschmack. Außerdem besteht beim Erdnusslaib die Gefahr der Schimmelbildung durch Risse, die gerne in der Oberfläche entstehen und fast nicht zu vermeiden sind. Dadurch kann sich sogar unbemerkt der Schimmel auch mal entlang eines Risses in den Laib hineinfressen und das wäre schade. Also ist dieser Laib nicht für eine lange Reifung geeignet und man sollte ihn jung genießen.

Selbst gebautes Reifegitter

- Der **Sesamlaib** kann nach vier bis sechs Wochen probiert werden. Mir gelang einmal ein Laib mit acht Monaten Reifezeit. Doch würde ich ihn nicht mehr länger als vier bis fünf Monate reifen lassen, da er dazu neigt, innere Hohlräume zu bilden, die schimmelanfällig sind. Je frischer er ist, desto stärker und kräftiger ist sein Geschmack. Er wird milder mit der Reifezeit. Die Konsistenz des Sesamlaibs ist immer ein wenig krümelig, selbst wenn er noch recht frisch ist, da die feinen dünnen Häutchen der Körner selbst bei Herstellung im Blender keine so gleichmäßige Creme zulassen. Ich persönlich finde ihn ideal nach drei bis vier Monaten. Er ist einer meiner Lieblingslaibe mit kräftigem Geschmack und zarter Konsistenz.

- Der **Sonnenblumenlaib** ist ebenfalls nach vier bis sechs Wochen zum Anschneiden bereit und kann sechs bis acht Monate reifen. Mein ältester reifte neun Monate und war dabei innen sehr dunkel geworden. Das ist wohl der Nachteil dieser Kerne, dass sie ihre Farbe verändern, je älter sie werden. Obwohl Sonnenblumenkerne ebenfalls dünne Häutchen haben, wird die Masse überhaupt nicht krümelig. Der Sonnenblumenlaib mag wohl etwas trockener werden, wenn er sehr reif ist, zerbricht aber nicht. Er wird immer milder mit der Zeit und einige fand ich sogar leicht süßlich, allerdings hatten sie erstaunlicherweise manchmal wiederum einen pikanten Nachgeschmack. Besonders gut schmeckt mir der große Laib aus 1,8 kg Trockengewicht, weil er darin sein Aroma gut entfalten kann. Bei keinem anderen Laib ist mir der Unterschied zwischen der großen und der kleinen Form hinsichtlich des Reifearomas so stark aufgefallen.

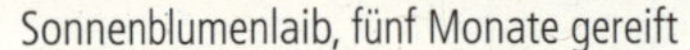

Sonnenblumenlaib, fünf Monate gereift

Cashewlaib, neun Monate gereift

Sesamlaib, acht Monate gereift

Hartgereifter Laib, fünf Monate gereift

* Der **Cashewlaib** ist erst nach sechs bis acht Wochen fertig und kann acht bis zwölf Monate reifen. Dies ist wohl der Laib, den man am längsten reifen lassen kann, da er aus einer so homogenen Nussmasse besteht, die einfach nicht zerbröckelt. Mein ältester war ein Jahr alt und man konnte ihn richtig in dünne Scheiben schneiden, er war aber trotzdem nicht komplett ausgetrocknet. Es klingt unwirklich und fantastisch, aber ich muss sagen, dass er wie ein Parmesan aussah, roch und schmeckte. Ein weiterer Traum war erfüllt!
  Der eher milde Geschmack des Cashewlaibs verändert sich zwar mit der Reife, aber man kann nicht sagen, dass er milder oder kräftiger wird. Er schmeckt vielleicht etwas feiner, das kann aber auch an der Konsistenz liegen. Ist er noch relativ jung, ist er innen manchmal fast noch streichfähig wie ein Frischkäse, während der reife Laib richtig hart wird. Beide Versionen haben ihre eigene Note, was bedeutet, dass der Cashewlaib zu unterschiedlichen Reifezeiten genossen werden kann.

- Der **Algenlaib** kann anfangs, wenn er noch recht frisch ist, leicht säuerlich schmecken. Das vergeht aber nach zwei bis drei Monaten, daher würde ich ihn nicht früher anschneiden. Meiner Ansicht nach hat es ein wenig mit dem verwendeten fermentierten Tofu zu tun. Ist dieser bereits sehr alt, wird die Masse etwas säuerlich und der gesamte Laib etwas intensiver. Auch wird sein Geschmack stärker, je reifer der Laib ist. Esse ich ihn auf Brot, mag ich ihn am liebsten nach zwei bis drei Monaten, ist er älter, verwende ich ihn eher zum Reiben. Mein bisher ältester Algenlaib war sechs Monate gereift, sicher kann man ihn aber auch ein wenig länger stehen lassen. Er vermittelt als geriebener Laib ein sehr interessantes Aroma, welches für viele Gerichte gut geeignet ist.

- Den **Hartgereiften Laib** stelle ich hauptsächlich her, um ihn lange reifen zu lassen und zum Reiben zu verwenden. Der bisher älteste Laib reifte acht Monate. Je nach Jahreszeit kann die Rinde aufbrechen und spätestens dann sollte er angeschnitten werden. Er schmeckt aber, genauso wie der Algenlaib, nach zwei bis drei Monaten auch sehr gut auf Brot. Sein Geschmack wird ebenfalls intensiver bei längerer Reifezeit. Ich lasse den Hartgereiften Laib einfach in der Speisekammer draußen stehen ohne ihn abzudecken. Er trocknet weiter vor sich hin und ist der perfekte Reibelaib, der bei mir nie fehlen darf.

Die Konsistenz des Algenlaibs und des Hartgereiften Laibs ist anders als die der gepressten Laibe. Beide sind von Anfang an trockener, da sie mit weniger Wasser hergestellt werden. Aber auch die Ringformen tragen dazu bei, dass diese Laibe anders reifen. Sie sind im Verhältnis nicht sehr hoch, sodass die Laibe etwas flacher ausfallen, was den Reifeprozess und die Konsistenz beeinflusst. Stelle ich sie allerdings mit mehr Flüssigkeit her, nach dem Rezept der kleinen Ringe, bleiben sie innen weicher und sind damit nicht ganz so ideal zum Reiben geeignet. Es mögen minimale Unterschiede sein, doch zeigen diese Erfahrungen, dass die innere Feuchtigkeit für den Reifungsprozess eine große Rolle spielt.

Gewicht

Von der Herstellung der Nussmasse bis zum fertig gereiften Nusslaib verändert sich das Gewicht. Das Wasser, welches beim Pürieren verwendet wird, verdunstet mit der Zeit. In den ersten Tagen und Wochen verliert ein Laib mehr und schneller an Gewicht als gegen Ende der Reifung. Wird eine bestimmte Sorte Laib immer mit denselben Mengenangaben hergestellt und kann sie stets unter etwa gleichen Bedingungen reifen,

Gewichtsveränderung während der Reifung

Nusslaib	Trockengewicht	frische Masse	1 Monat	2 Monate
Cashewlaib	1800 g	3620 g	2800 g	2600 g
Cashewlaib	900 g	2310 g	1300 g	1050 g
Sesamlaib	900 g	2385 g	1220 g	1120 g
Sonnenblumenlaib	1800 g	4100 g	2500 g	2400 g
Sonnenblumenlaib	900 g	2550 g	1200 g	1150 g
Erdnusslaib	900 g	2355 g	1170 g	1100 g
Algenlaib	1500 g	3250 g	2240 g	2050 g
Hartgereifter Laib	1500 g	3265 g	2100 g	1900 g

Nusslaib	Trockengewicht	3 Monate	6 Monate	9 Monate
Cashewlaib	1800 g	2350 g	2050 g	1860 g
Cashewlaib	900 g	980 g	950 g	920 g
Sesamlaib	900 g	1080 g	970 g	—
Sonnenblumenlaib	1800 g	2250 g	1980 g	1900 g
Sonnenblumenlaib	900 g	1080 g	990 g	930 g
Erdnusslaib	900 g	—	—	—
Algenlaib	1500 g	1900 g	1790 g	—
Hartgereifter Laib	1500 g	1800 g	1650 g	—

kann man am Gewicht erkennen, wie trocken oder feucht der Laib ist und in welchem Reifestadium er sich befindet. Mein Partner begeisterte sich für dieses Thema, und er fertigte Tabellen zur Gewichtsveränderung an. Für eine Produktion zum Verkauf sind diese Werte sehr interessant, weil Nusslaibe nach Gewicht angeboten werden. Daher müssen die Lagerung und Reifung natürlich in den Preis eingerechnet werden.

Insgesamt scheint mir, dass Nusslaibe nicht ganz so lange reifen können wie der berühmte alte Parmesan, der mindestens ein Jahr, meist deutlich länger reift. Ich vermute, es liegt am pflanzlichen Fett und daran, dass ihr Urzustand trocken war, nämlich die Nuss. Somit werden sie wohl immer wieder zu dieser Trockenheit zurückkehren wollen. Milch ist flüssig und es wird – neben dem Milchzucker, der den Bakterien als Substrat dient – nur das Milcheiweiß fermentiert, was durch ihr tierisches Fett zusammengehalten wird. Obwohl Parmesan manchmal, wenn er sehr alt ist, auch etwas zerkrümelt. Mein ältester Cashewlaib war jedenfalls ein Jahr alt und luftgetrocknet. Vielleicht versuche ich es irgendwann noch, einen Laib mehrere Jahre reifen zu lassen. Wenn es bloß nicht so schwierig wäre, so lange durchzuhalten, ohne zu probieren!

Aufbewahrung und Haltbarkeit

Was tun mit dem fertigen Nusslaib? Am besten aufessen. Das geht natürlich bei einem Zwei-Kilo-Laib nicht so schnell. Ein angeschnittener Laib beginnt auszutrocknen. Man kann ihn daher in einen Behälter geben und in den Kühlschrank stellen. Der Deckel darf nicht ganz geschlossen werden oder sollte ein Luftloch haben, damit der Laib atmen kann, sonst beginnt er zu schimmeln. Man kann den Deckel auch ganz weglassen und ihn offen auf einem Teller im Kühlschrank stehen lassen. Wer kein Plastik verwenden möchte, kann Schalen aus Glas oder Porzellan nehmen – auch hier höchstens locker verschließen – oder den Laib in ein Wachstuch wickeln. Diese Tücher sind sehr vorteilhaft, weil der Laib ganz eingepackt wird und nicht austrocknet, aber trotzdem atmen kann. Der Vorteil der Lagerung im Kühlschrank ist, dass er weich bleibt.

Ich lege die angeschnittenen Laibe auf einem Holzbrett mit Käseglocke in die kühle Speisekammer. Dabei achte ich darauf, dass die Glocke nicht ganz dicht auf dem Brett sitzt, ich stelle sie nicht in die vorgegebene Holzvertiefung, sondern etwas versetzt, damit noch Luft zirkulieren kann. Der Nusslaib muss unbedingt atmen können. Selbst auf Reisen oder Trekkingtouren nehme ich meine Nusslaibstücke in einem Behälter oder Wachstuch mit und die Laibe sind auch nach einer Woche noch hervorragend zu genießen. Aus Erfahrung kann ich bestätigen, dass sie mit oder ohne Kühlschrank länger halten als ein herkömmlicher angeschnittener Käse.

Einen großen Laib lasse ich allerdings nie lange angeschnitten draußen stehen. Wenn ein Nusslaib fertig gereift ist, schneide ich ihn in acht bis zehn Stücke, hebe ein Stück für die nächsten Tage auf und den Rest verpacke ich.

Als ich mit dem Verkauf unserer »QueSemilla«-Nusslaibe begann, haben wir 200-g-Stücke erst in Butterbrotpapier, dann nochmals in Packpapier gewickelt und mit einem Etikett versehen. Es sah sehr schön aus und hatte einen natürlichen Touch. Doch war es sehr viel Arbeit und eignet sich nur, wenn man direkt an den Endverbraucher verkauft. Für den Verkauf an Naturkostläden ist es eher unpraktisch. Da die Nusslaibstücke eventuell länger im Kühlschrank liegen, können sie im Butterbrotpapier nicht atmen, sind aber auch nicht luftdicht verpackt, sodass die Gefahr der Schimmelbildung besteht.

Für uns waren es die ersten Versuche, um herauszufinden, wie die Laibe wohl bei den Leuten ankommen. Nachdem sich sehr schnell ein Erfolg abzeichnete, habe ich mir ein Vakuumiergerät zugelegt. Natürlich sind Plastiktüten nicht mein Lieblingsmaterial und ich würde lieber ohne sie auskommen. Für den Hausgebrauch kann man das hinbekommen, beim Verkauf wird es eher schwierig. Selbst für meine eigene

Produktion, die ich nur im Winter mache, muss ich sagen, war das Vakuumiergerät neben dem Blender die wohl wichtigste Anschaffung. So bleiben meine Nusslaibe das ganze Jahr frisch und ich kann jeder Zeit in meinem Kühlschrank »shoppen« gehen!

Eingeschweißt und vakuumverpackt, danach im Kühlschrank aufbewahrt, sind die Nusslaibe anscheinend unendlich haltbar. Ich hatte aufgeschnittene Laibe, die länger als ein Jahr eingepackt waren und perfekt aus der Tüte herauskamen. Die einzige Empfehlung ist, sie nach dem Auspacken einen Tag an der Luft stehen zu lassen, damit sie atmen und etwas antrocknen können. Denn die beim Verpacken trockene Rinde, ist nun feucht und ölig geworden. Auch der Geschmack entfaltet sich besser, wenn der Laib einige Stunden geatmet hat. Danach kann man ihn wie oben beschrieben unter einer Käseglocke oder im Kühlschrank aufbewahren. Diese kleinen Aufbewahrungstipps sind hilfreich, auch für mögliche Kunden, sodass sie mehr von ihrem Nusslaib haben und erkennen, dass diese Laibe wirklich etwas Besonderes sind.

Es passierte mir auch, dass Nusslaibe in den eingeschweißten Tüten weiterfermentierten, vor allem die kleinen Laibe, die nicht so lange reiften. Erst dachte ich, die Tüten seien kaputt, konnte aber keine Löcher entdecken. Es war einfach nur etwas Luft in der Tüte. Auch war den Laiben nichts geschehen, sie waren weder verschimmelt noch rochen sie schlecht, als ich die Tüte aufmachte. Von Herstellern von Vakuumiergeräten erfuhr ich, dass so etwas bei fermentierten Lebensmitteln passieren kann, weil sie trotz Verpackung weiter gären und die Gase dann in der Tüte bleiben. Anfangs habe ich diese Laibe entweder gegessen oder die Tüte einfach neu verschweißt. Doch war dies gar nicht nötig. Solange keine Luft von außen in die Tüte gelangt, bleiben die Laibe darin frisch und gesund.

Wird der Nusslaib doch einmal hart, weil er zu lange draußen stand, muss man ihn noch lange nicht wegwerfen. Auch hier zeigen die Laibe, dass man sie immer wieder zu etwas Neuem verwandeln kann: einfach reiben! Den Hartgereiften Laib stelle ich durchaus mit dem Ziel her, ihn zum Reiben zu verwenden. Doch mit allen anderen kann man dies ebenso tun. Sesamlaibe und Sonnenblumenlaibe mögen, wenn sie trocken sind, beim Reiben eher zerbröckeln, doch alle sind, auf ein leckeres Gericht gestreut, ein Genuss. Wenn ich mal Reste habe, reibe ich sie gerne alle zusammen, gebe sie in einen nicht ganz fest verschlossenen Behälter und bewahre diesen im Kühlschrank auf. So habe ich immer »Reibelaibe« bereit, welche bei mir noch nie schlecht geworden sind.

In all den Jahren, in denen ich Nusslaibe mache, habe ich außer dem erwähnten inneren Teil vom »Colgado« und dem großen Sesamlaib nie etwas weggeworfen. Die Nusslaibe sind fermentierte Lebensmittel, die, wenn sie gesund getrocknet wurden, keinen Grund haben, schlecht zu werden. Mag man sie hart und eher trocken, könnte man sie bestimmt jahrelang im Kellergewölbe aufbewahren. Eines Tages wird es vielleicht auch dafür ein Experiment geben.

Fazit und Alternative

Das war sie nun, die Suche nach dem großen Nusslaib, der am Ende sogar richtig alt und hart gereift die Welt bereicherte. Ich war sehr fasziniert von allen Entdeckungen, die ich gemacht hatte. Die großen Ringe haben mir die Produktion vom Hartgereiften und Algenlaib wesentlich vereinfacht und es kamen sehr beliebte Laibe dabei heraus. Die gepressten Nusslaibe waren mit etwas mehr Arbeit verbunden, wobei Sonnenblumenlaib, Sesamlaib und Erdnusslaib am leichtesten zu handhaben waren. Welcher mir immer wieder einige Schwierigkeiten bereitete, war der gepresste Cashewlaib. Das Klima musste wirklich ideal sein, damit die Rinde nicht aufriss, während sie trocknete. Er brauchte viel länger zum Trocknen als die anderen gepressten Laibe und damit viel mehr Aufmerksamkeit in Form von Einsalzen und Spachtelarbeit. War er aber erst einmal gut getrocknet, war er ein Meisterwerk, reifte lange und der Geschmack und die Konsistenz waren sowieso immer Käse am ähnlichsten. Daher wollte ich ihn nie aufgeben und bewies immer wieder meine Geduld.

Wäre der Cashewlaib leichter im Ring?

Da die Cashewmasse sowieso nicht sehr viel Flüssigkeit beim Pressen verliert, fragte ich mich, ob ich den Cashewlaib nicht einfach wie den Hartgereiften und den Algenlaib in den großen Ringen ohne Pressen herstellen könnte? Da wusste ich, dass es funktioniert, ich müsste ihn nur mit entsprechend weniger Flüssigkeit zubereiten.

Somit verwendete ich dasselbe Rezept wie für die kleinen Ringe, pürierte mit dem großen Aufsatz und gab es einfach in einen großen Ring. Das Ergebnis war ähnlich dem Hartgereiften, den ich mit feuchterer Masse gemacht hatte (s. S. 116). Der Laib wurde nicht ganz so fest und nicht ganz so kräftig im Geschmack. Natürlich hängt es immer davon ab, wie lange man ihn reifen lässt. Einige Risse bildeten sich, sodass er durchaus Betreuung benötigte. Aber es ist ein gute Alternative und ein toller Laib.

Als Fazit dieses Versuchs kann demnach gelten: Für einen lange gereiften Cashewlaib braucht man wohl immer Geduld und muss ihn gut pflegen, hin und wieder Risse ausbessern, damit er die Reifezeit heil übersteht. Die Tücher beim großen Laib in der Presse und beim Apretado mit der Tuch-Press-Technik geben dem Laib ein besonderes Aroma, was in den Ringen (wo man ohne Tücher arbeitet) nicht entsteht. So muss jeder für sich entscheiden, welchen Geschmack man erzielen möchte und wie viel Arbeitsaufwand man dafür verwenden mag. Alle schmecken jedenfalls gut!

Ringtechnik mit anderen Nüssen und Kernen

Sonnenblumenkerne, Sesamkörner und Erdnüsse sowie Mandeln, Walnüsse und Haselnüsse ergeben eine eher grobe Konsistenz und verbinden sich nicht so homogen mit der Flüssigkeit, sodass sich diese leichter absetzt. Obwohl ich beim Ausprobieren der kleinen Ringe wesentlich weniger Wasser als bei den gepressten Laiben verwendete, musste ich feststellen, dass viel Flüssigkeit auf das Tablett, auf dem die kleinen Ringe standen, herauslief. Die kleinen Laibe sind trotz allem sehr gut gelungen und ließen sich leicht trocknen, aber die Herstellung musste ich verbessern.

So habe ich die Masse je nach Nuss oder Kern einfach wieder mit dem normalen Flüssigkeitsanteil der Rezepte für gepresste Laibe püriert und sie dann in eine Schüssel mit Tuch gegeben. Danach habe ich die Laibe nicht gepresst, sondern einfach das Tuch mit der Nussmasse aufgehängt. Ich schnürte es nicht zu, sondern habe es offen mit einer Schüssel zum Abtropfen darunter einen Tag an die Decke gehängt. Wenn es wenig Nussmasse ist, kann man auch einfach ein Sieb in eine Schüssel hängen, das ausgekochte Tuch darüber und die Masse auf diese Art darin abtropfen lassen. So ließ ich sie einen Tag fermentieren und gab anschließend diese Nussmasse in die kleinen Ringe. Danach lief fast keine Flüssigkeit mehr ab, womit sie auch ihr Volumen behielten. Auch hier kann man die ablaufende Sesamcreme oder Erdnusscreme auffangen und gut weiterverwenden.

Bei Cashewkernen oder Macadamianüssen würde es nicht viel bringen, die Masse aufzuhängen, da sich diese Nüsse stärker mit dem Wasser verbinden, beim Aufhängen würde nicht viel Flüssigkeit herauslaufen. So hängt jede Technik auch mit der Eigenart der Nuss zusammen, die man mit der Zeit immer besser kennenlernt.

Es wird also nicht langweilig und sicher gibt es noch viele Techniken, die zu probieren sind. Nachdem ich nun einige Jahre lang die Produktion der Nusslaibe erprobt hatte, brauchte ich allerdings eine Veränderung, ließ die großen Laibe eine Zeit lang ruhen, sozusagen reifen, und beschäftigte mich mit etwas anderem. Wer mich mittlerweile ein bisschen kennengelernt hat, weiß, dass ich gerne immer wieder etwas Neues ausprobiere. Und das soll der Inhalt vom nächsten Teil des Buches werden.

Bilder folgende Seite: Knoblauch-Honig-Ferment (oben links), Kräuter-Cashewlaib mit Miso fermentiert (oben rechts), Cashewlaib mit Knoblauch fermentiert und Oliven (unten)

Teil 3: Kreativität

Geschmacksrevolution durch verschiedene Fermente

Nicht dass die großen Laibe nicht kreativ wären, doch was jetzt kam, war eine Lawine neuer Geschmacksrichtungen. Bisher hatte ich immer nur Nusslaibe mit ein und denselben Grundrezepten probiert, weil ich die Konsistenz und den Geschmack verschiedener Formen und Größen und unterschiedlich langer Reifung vergleichen wollte. Mein bisheriges Ziel war einzig und allein, einen großen klassischen Laib aus Nüssen zu erschaffen. Deshalb hatte ich neben den unterschiedlichen Nüssen und Kernen nicht viel mehr als Bierhefe, Salz und drei verschiedene Fermente ausprobiert. Das sollte sich nun ändern.

Durch die Nusslaibe war ich gut in die Materie der Fermentation eingearbeitet. Rejuvelac und fermentierten Tofu machte ich sowieso. Doch während dieser ersten Jahre der Nusslaibherstellung hatte ich nebenbei noch viele andere Fermente angesetzt. Angefangen beim Sauerkraut, welches ich für uns zum Verzehr herstellte, über verschiedene Gemüse, die ich in Salzwasser einlegte, um sie haltbar zu machen, bis hin zu Kimchi und Umeboshi. Die Fermente waren alle köstlich, reich an Milchsäurebakterien und vor allem einfach herzustellen. Es sind die perfekten Konserven und man braucht sie nicht einmal zu kochen, was mich bei anderen Rezepten zum Einmachen eher störte. Hier brauchte ich nur Gemüse aufzuschneiden oder zu reiben, wenn nötig Salzwasser darüberzugießen und zu warten. Fertig war der Wintervorrat.

Dabei hatte ich die ganze Zeit im Hinterkopf, dass ich diese Fermente eines Tages auch mal zum Fermentieren von Nusslaiben nehmen würde. So sammelte sich eine kleine Kollektion an, die in meiner Speisekammer vor sich hin gärte und auf ihren Einsatz wartete.

Sauerkraut

5 kg Weißkohl
100 g grobes Salz

- Die Kohlköpfe von den äußeren Blättern befreien und fein hobeln. Wenn man viel Sauerkraut macht, lohnt sich ein großer Holzhobel, da er die Arbeit enorm erleichtert. Einige der großen Blätter etwas säubern und aufheben, um später das Sauerkraut damit zu bedecken. Nun das Kraut abwechselnd mit Salz in einen Steinguttopf oder einen Plastikeimer stampfen. Jede Krautlage muss so fest gestampft werden, dass der sich bildende Saft über dem Kohl steht.
- Dann mit zwei bis drei der großen Blätter bedecken und mit einem Teller und einem Gewicht (zum Beispiel ein Fünf-Liter-Kanister mit Wasser) beschweren. Das Kraut muss unbedingt unter dem Saft liegen. Den Topf oder Eimer mit einem Tuch bedecken und an einem kühlen Ort (nicht unter 10 °C) zugedeckt aufbewahren.
- Nach vier bis sechs Wochen ist das Sauerkraut fertig. Im eingemachten, ungeöffneten Zustand hält es sich mindestens ein Jahr oder länger im Einmachglas.

Die Gärung dauert vier bis sechs Wochen. Man kann das Kraut nach einer Woche in Gläser umfüllen, doch da die Fermentation noch nicht abgeschlossen ist, tritt dann meistens der Saft durch die Deckel der Einmachgläser nach außen. Die Folge ist, dass das Kraut innen trocken wird, weil nicht mehr genug Flüssigkeit im Glas bleibt. Bessere Erfahrungen haben wir damit gemacht, mindestens vier Wochen zu warten, bevor wir es in Einmachgläser füllen. Selbst dann tritt manchmal noch Saft nach außen, aber nur geringfügig.

Am besten ist es, den Weißkohl direkt nach der Ernte zu verarbeiten. Liegen die Kohlköpfe zu viele Tage herum, bildet sich nicht genug Saft. Sollte es trotzdem mal passieren, dass sich beim Stampfen nicht genügend Flüssigkeit bildet, kann man 1 Liter abgekochtes kaltes Wasser mit 15 g Salz verrühren und über das Kraut geben.

Beim Abfüllen unbedingt den übrigen Saft aufheben. Er enthält viele Milchsäurebakterien und Enzyme und ist sehr gesund. Außerdem ist dieser Sauerkrautsaft unser neues Ferment für die Nusslaibe, wobei man auch das Kraut selbst für die Herstellung der Nussmasse verwenden kann.

Gemüseferment

1 kg Möhren (oder anderes Gemüse)
15 g Salz
500 ml sauberes, nicht gechlortes, lauwarmes Wasser

- Möhren waschen, schälen und in Stücke oder Scheiben schneiden. Dann in Einmachgläser geben. Nun das Salz mit dem Wasser mischen und die Gläser damit auffüllen. Dabei sollte möglichst das gesamte Gemüse mit Flüssigkeit bedeckt sein. Die Gläser schließen, dabei den Deckel anfangs nicht zudrehen, erst nach etwa einer Woche wird er zugeschraubt. Bügelgläser mit Gummiring eignen sich auch sehr gut dafür, weil diese Gläser entstehende Gase hinauslassen, aber keine Luft hineinkommt.

Will man Möhren haltbar machen und später verzehren, macht man das Glas natürlich voll. Sind die Möhren fertig fermentiert, werden sie zum Verzehr abgegossen und der Saft kann als Ferment für die Nusslaibe verwendet werden. Diese Saftmenge ist allerdings nicht sehr üppig. Für die Nusslaibproduktion nehme ich daher große Drei-Liter-Gläser, fülle sie nur zu einem Drittel mit Gemüse und gieße sie bis zum Rand mit Salzlake auf. Diese lasse ich durchaus Monate lang vor sich hin gären.

Dabei kann es sein, dass sich mit der Zeit ein weißer Belag – die Kahmhefe – an der Oberfläche bildet. Das passiert genauso bei der Sauerkrautherstellung oder beim Rejuvelac und zeigt hauptsächlich, dass das Ferment lebt. Ich schöpfe den weißen Film immer ab und achte beim Abfüllen ins Glas darauf, dass so wenig Luft wie möglich im Glas bleibt. Mit der Zeit kuriert sich die Flüssigkeit selbst und irgendwann entsteht nichts Weißes mehr.

Auf die gleiche Art kann man alle möglichen Gemüsesorten fermentieren, zum Beispiel Rosenkohl, Kohlrabi, Sellerie, Kürbis, Radieschen, Blumenkohl, Zwiebeln – was immer man da hat oder worauf man Lust hat.

Rote Bete

Bei diesem Gemüse ist zu beachten, dass die Flüssigkeit natürlich rot wird, und wenn man damit Nusslaibe macht, werden diese entsprechend rosa. Ich fand sie sehr abwechslungsreich und nett aussehend und die Rote Bete macht den Laib leicht süßlich!

Weißkohl

Anstatt Sauerkraut herzustellen, kann man einfach etwas Kohl aufschneiden, ins Glas geben und mit Salzlake auffüllen. Damit entsteht so etwas wie Sauerkrautsaft, nicht ganz so intensiv, aber zum Fermentieren von Nusslaiben durchaus geeignet.

Knoblauch in Honig

300 g Knoblauchzehen
500 g roher Honig

- Die Knoblauchzehen schälen, in ein Einmachglas geben und mit dem rohen Honig übergießen. Das Glas verschließen und bewegen, drehen und wenden, sodass der gesamte Knoblauch benetzt ist.
- Das Glas auf einen kleinen Teller stellen und die nächsten Wochen im Blick behalten. Immer wieder regelmäßig bewegen und drehen, bis die Knoblauchzehen eines Tages untergegangen sind, also sich nach unten abgesetzt haben. Durch die Fermentation entstehen Gase im Glas, die hinauswollen, daher kann es sein, dass ein wenig Honig durch den Deckel hinausläuft. Um dies zu vermeiden, kann man ein Bügelglas mit Gummiring verwenden.

Der Honig entzieht dem Knoblauch Wasser und wird daher bei dem Fermentationsprozess richtig flüssig. Je älter dieses Ferment ist, umso köstlicher schmeckt es! Der fermentierte Knoblauch ist nicht nur für die Nusslaibherstellung geeignet, er ist auch ein natürliches Antibiotikum und hilft bei Erkältung, Parasiten, schlechten Darmbakterien und vielem mehr.

Kimchi

1 Chinakohl
3 Möhren
1 Lauchzwiebel
200 g Blattspinat oder Mangold
3 Zucchini
2–3 Knoblauchzehen
1 kleine Knolle Ingwer
1 TL Chiliflocken
30–50 g Salz

- Das Gemüse in möglichst dünne Streifen oder Stücke schneiden. Man kann einen Gemüsehobel verwenden oder es in streichholzgroße Stifte schneiden. Knoblauch und Ingwer schälen, pressen und mit dem Chili zu einer Paste verrühren.
- Eine Prise Salz auf den Boden einer Schüssel streuen und eine Schicht Gemüse daraufgeben. Mit Salz bestreuen und ein bisschen der Paste darüberstreichen. Jetzt mit einem Stampfer fest anpressen und ein wenig stampfen. Dann wieder eine Schicht Gemüse daraufgeben und mit Salz und Paste stampfen. So weitermachen, bis die Zutaten aufgebraucht sind.
- Alles mit einem Teller und einem Stein beschweren und einige Stunden ruhen lassen, bis reichlich Flüssigkeit austritt. Jetzt kann man es entweder einige Tage in der Schüssel stehen lassen oder gleich in Einmachgläser abfüllen. Das Gemüse etwas andrücken, aber die Gläser nicht randvoll füllen. Nun die restliche Flüssigkeit auf die Gläser aufteilen, auch hier etwas Raum lassen und die Deckel nur locker auflegen. Nun drei bis fünf Tage bei Zimmertemperatur fermentieren lassen, dabei den Deckel nach und nach zudrehen.
- Anschließend an einem kühlen Ort aufbewahren. Nach zwei bis vier Wochen kann man schon probieren. Diese Kimchi-Variante habe ich für die Nusslaibherstellung verwendet. Dafür habe ich nicht nur die Flüssigkeit, sondern auch das Gemüse mit den Nüssen zusammen püriert.

Umebochi

Das Originalrezept nennt grüne Ume-Früchte, welche einer Mischung aus Pflaumen und Aprikosen gleichen. Meine japanischen Freunde machen Umebochi aus Kirschen und empfahlen mir, dafür am besten einen Baum auszusuchen, von dem die Kirschen nicht so gut schmecken. Ich entschied mich für einen Zierbaum und eine Art Kirschpflaume, deren Früchte nicht sehr beliebt sind, weil sie etwas säuerlich schmecken. Sie erschienen mir perfekt zum Fermentieren.

1 kg Kirschen oder Pflaumen, unreif oder halbreif
120 g Salz
Shiso-Blätter (ersatzweise Minze oder Melisse)

- Die Pflaumen reinigen und über Nacht in Wasser einlegen, um ihnen jeglichen bitteren Geschmack zu entziehen. Bei reifen Pflaumen ist das nicht nötig. Am nächsten Tag die gewässerten Pflaumen in große Einmachgläser oder eine Plastikschüssel geben. Eine Lage Pflaumen mit einer Schicht Salz bedecken, darauf folgen weitere Schichten Pflaumen und Salz, bis das Gefäß voll ist.
- Das Salz beginnt sofort, den Pflaumen Saft zu entziehen. Daher die Pflaumen mit einem Gewicht beschweren, damit sie unter dem Flüssigkeitsspiegel bleiben. Mit dem Eindringen des Salzes in das Fruchtfleisch beginnt die Milchsäuregärung. Das Gefäß mit einem Tuch abdecken und an einen kühlen Ort stellen (nicht unter 10 °C). Nun die Pflaumen einen Monat gären lassen.
- Danach die Flüssigkeit abgießen, auffangen, in Flaschen oder Einmachgläser abfüllen und an einem kühlen Ort aufbewahren (es muss nicht der Kühlschrank sein). Die Pflaumen im Freien (je nach Witterung) vier bis sieben Tage trocknen lassen. In dieser Zeit beginnen sie zu schrumpeln.
- Jetzt die Flüssigkeit mit den Shiso-Blättern mischen und zusammen mit den angetrockneten Pflaumen in ein großes Einmachglas oder anderes Gefäß geben und abdecken. Die Umeboshi nun weitere fünf Tage im Ume-Essig liegen lassen.

- Danach die Umeboshi aus dem Ume-Essig herausnehmen und in Fässer oder Einmachgläser geben, wo sie dann bis zu ein Jahr lang reifen. Die verbleibende Flüssigkeit ebenfalls in Gläser oder Flaschen abfüllen und als milde, sehr aromatische Umeboshi-Würze (Ume Su) verwenden.

Ich konnte kaum glauben, dass mir die Umeboshi tatsächlich gelungen waren, auch wenn mir ein Glas während der einjährigen Reifezeit leider schimmelig wurde. Die restlichen schmeckten hervorragend, wobei salzige Kirschpflaumen durchaus gewöhnungsbedürftig sind. Zum Fermentieren der Nusslaibe habe ich den Ume-Essig verwendet. Ein tolles Ferment, von dem man nur ganz wenig benötigt.

Miso-Paste

Unsere japanischen Freunde haben mir freundlicherweise ihr Miso-Rezept zur Verfügung gestellt. Den Koji-Reis kann man fertig kaufen, wenn man ihn nicht selbst zubereiten möchte. Den Schimmelpilz Aspergillus flavus var. oryzae als Starter kann man entweder direkt in Japan oder in speziellen Internetshops bestellen.

Zubereitung von Koji-Reis

- 1 kg Reis (es kann Vollkornreis sein) gut waschen, bis er nicht mehr riecht, damit die Stärke komplett herausgespült wird. Danach über Nacht (sechs bis acht Stunden) in Wasser eingeweicht stehen lassen. Am nächsten Tag eine Stunde abtropfen lassen, dann 15 Minuten im Dampfgarer oder Schnellkochtopf garen.
- Wenn der gekochte Reis auf 40–38 °C heruntergekühlt ist, mit etwa 2 g Koji-Starterpulver vermischen und abdecken. Anschließend – so weit wie möglich – die Temperatur drei Tage lang um 38 °C beibehalten, bis sich eine weiße Schicht über dem Reis gebildet hat. Dabei einmal täglich den Reis umrühren, damit sich die Pilze gut verbreiten können.

Zubereitung des Miso

- 1 kg getrocknete Sojabohnen mit der dreifachen Menge Wasser sechs bis acht Stunden (über Nacht) einweichen. Am nächsten Tag so lange im Dampfgarer oder Schnellkochtopf garen, bis sie sich leicht zerdrücken lassen.
- Währenddessen den Koji-Reis mit 400–450 g Salz mischen.
- Die gegarten Sojabohnen pürieren und unverzüglich mit dem gesalzenen Koji-Reis vermischen. Das Ganze sollte eine Temperatur von 36 °C erreichen.
- Diese Mischung in einen sauberen Eimer oder anderen Plastikbehälter geben, fest andrücken und luftdicht verschließen. Das Gefäß sollte bis zum Rand gefüllt werden, damit es wirklich gut ohne Luft abschließt. So bleibt es an einem dunklen Ort bei gleichbleibender Zimmertemperatur stehen, damit es in Ruhe fermentieren kann.
- Je nach Jahreszeit kann man es nach drei Monaten probieren, nach einem Jahr schmeckt es jedoch wesentlich besser.

Das Ferment-Experiment

Nun war es an der Zeit, all diese Fermente auszuprobieren und mit ihnen Nusslaibe herzustellen. Neun verschiedene Fermente wollte ich verwenden. Obwohl ich Rejuvelac, Miso und fermentierten Tofu schon kannte, nahm ich sie mit dazu, um sie mit den anderen Fermenten vergleichen zu können. Auch verwendete ich diesmal nur Cashewkerne, um die Unterschiede der verschiedenen Fermente besser zu erkennen und herauszuschmecken. Zum Trocknen nahm ich kleine Ringe und pro Ferment 500 g Trockengewicht, sodass jeweils vier kleine Laibe entstanden. Einen davon ließ ich neutral. Die anderen drei Laibe würzte ich mit verschiedenen Kräutern (s. ab S. 158). Hier vorerst die Produktion der Basismassen mit den verschiedenen Fermenten und ihren Eigenschaften.

Die Fermente lassen sich in drei Kategorien einteilen, in flüssiges, festes und dickflüssiges Ferment mit festen Stücken. Diese Einteilung ist wichtig wegen der Wasserzugabe beim Herstellen der Nussmasse. Die Salzmenge verringert sich je nachdem, ob das Ferment bereits salzig ist. Die Cashewkerne sind in der folgenden Übersicht als Trockengewicht angegebenen, sie werden vor der Herstellung der Nussmasse natürlich eingeweicht.

Mengenangaben für Nusslaibe mit verschiedenen Fermenten

Varianten mit flüssigem Ferment					
	Rejuvelac	Sauerkrautsaft	Möhren	Rote Bete	Umeboshi
Cashewkerne (Trockengewicht)	500 g	500 g	500 g	500 g	500 g
Wasser	300 ml	300 ml	300 ml	300 ml	350 ml
Ferment	100 ml	100 ml	100 ml	100 ml	50 ml
Salz	4 TL	2 TL	2 TL	2 TL	2 TL

Varianten mit festem Ferment		
	Miso	Knoblauch in Honig
Cashewkerne (Trockengewicht)	500 g	500 g
Wasser	400 ml	400 ml
Miso	4 TL	
fermentierter Knoblauch		2 Stück
Honig vom fermentierten Knoblauch		2 TL
Salz	2 TL	4 TL

Varianten mit dickflüssigem Ferment		
	fermentierter Tofu	Kimchi
Cashewkerne (Trockengewicht)	500 g	500 g
Wasser	350 ml	400 ml
fermentierter Tofu	150 g	
Kimchi		100 g
Salz	2 TL	2 TL

Die Ergebnisse

Als ich die neuen Laibe probierte, fühlte ich mich wie eine Feinschmeckerin, die versucht, die unterschiedlichen Nuancen herauszuschmecken. Dabei stellte ich fest, dass die verschiedenen Fermente wirklich einen Unterschied in Geschmack und Konsistenz der Cashewlaibe bewirken.

Die Nussmassen mit den flüssigen Fermenten gärten alle fleißig, am meisten diejenige mit dem Ume-Essig. Diese Laibe sind richtig aufgegangen, waren später relativ weich und fielen leicht zusammen, als ich die Ringe abzog. Der Ume-Essig hat ein ganz spezielles Aroma und die Laibe schmecken ungewöhnlich gut. Der Rote-Bete-Laib sieht lustig aus mit seinem rosa Ton und hat einen sehr milden Geschmack, während der Sauerkrautlaib etwas herzhafter herauskam. Am besten hat mir der Möhrenlaib

Cashewlaib mit Rote Bete fermentiert und mit Wasabi marmoriert

geschmeckt. Er passt perfekt zu den Cashewkernen. Mag sein, dass es an dem etwas Süßlichen der Möhre liegt. Diese Version habe ich später jedenfalls noch oft produziert. Der Rote-Bete-Laib und der Möhrenlaib fermentierten auch relativ stark, aber nicht ganz so wie beim Umeboshilaib. Der Rejuvelac kam mir bei all den neuen Gaumenerlebnissen ganz langweilig vor. Doch vielleicht nur, weil ich ihn schon so lange kannte. Er ist jedoch eine der neutralsten Versionen unter den Fermenten.

Miso als festes Ferment ist immer wieder schmackhaft, egal, ob mit Kräutern, Bierhefe oder ohne alles. Der Knoblauch-Honig-Laib bekam in der Nachbarschaft großen Beifall. Der Knoblauch gibt ihm eine südländische Note und der süße Touch des Honigs macht diesen kleinen Laib ganz groß, wobei dieser damit keineswegs süß schmeckt. Er eignet sich auch hervorragend für gewürzte Laibe (s. S. 159).

Den fermentierten Tofu hatte ich bisher nur im Algenlaib verarbeitet und fand ihn klasse, einfach mal nur so in der Cashewmasse, ohne Kürbiskerne und ohne Algen. Er gibt dem Nusslaib eine tolle kräftige Note, die auch ohne Färbung ein wenig an einen Blauschimmelkäse erinnert. Der Kimchilaib ist nicht ganz so mein Ding. Er schmeckt mir zu sehr nach Knoblauch, und den Ingwer finde ich im Nusslaib zu exotisch. Allerdings ließ ich ihn dann trocknen und rieb ihn über ein Wokgericht, was eine erfolgreiche Verwandlung war.

Während dieser Produktion war es sehr spannend in meinem Nusslaib-Labor. Was für eine neue Welt! Wie hatte ich mich bloß jahrelang fast nur mit Rejuvelac versorgen können? Denn die Ergebnisse waren ein wahrer Genuss. Aber natürlich war mir klar, dass die bisherigen Erfahrungen wichtig waren, um überhaupt an diesen Punkt zu gelangen.

Die Welt der Kräuter und Gewürze

Es hatte mich bisher nie gereizt, meine Nusslaibe zu würzen. Die paar Kräuter im Hartgereiften und im Algenlaib dienten eher dazu, einen bestimmten Geschmack zu imitieren, und nicht, um die Kräuter richtig herauszuschmecken. Selbst früher bei Käse stand ich nicht so sehr auf exotische Sorten. Die Klassiker waren mir lieber. Motiviert zum Würzen hat mich ein Besuch bei einem Hersteller von pflanzlichem Cashewkäse. Dieser war damals in Deutschland meines Wissens der einzige Hersteller von Käsealternativen. Wir tauschten unsere Produkte aus und machten zusammen zwei große Nusslaibe. Anschließend probierte ich einige der lecker gewürzten Sorten und war begeistert, einmal eine Abwechslung zu den klassischen Laiben zu genießen.

Da ich sowieso gerade auf dem Experimentiertrip der Fermente war, notierte ich alle meine Ideen, womit man die Nusslaibe verfeinern könnte:

- **Kräuter, frisch oder getrocknet:** Schnittlauch, Petersilie, Salbei, Basilikum, Rosmarin, Thymian, Koriandergrün
- **Gewürze:** Pfeffer, Paprikapulver, Chili, Currypulver, Bockshornklee, Safran, Muskatnuss, Brotgewürz, Kümmel, Anis, Fenchel, Koriander
- **Saucen:** Senf, Pesto, Sojasauce
- **Süßes:** Honig, Rosinen
- **Algen:** Chlorella, Spirulina
- **Getrocknetes:** Oliven, getrocknete Tomaten, getrocknete Pilze
- **Knollen und Wurzeln, frisch oder als Pulver:** Knoblauch, Zwiebeln, Meerrettich, Wasabi, Ingwer
- **Bierhefe**

Zwar probierte ich nicht alle Ideen aus, schließlich soll noch etwas für später übrig bleiben. Doch auf immerhin 24 verschiedene Gewürzkombinationen kam ich. Die gewürzte frische Nussmasse all dieser Rezepte schmeckt auch ohne Trocknen und Reifen hervorragend, zum Beispiel als Brotaufstrich. Diese Rezepte und Varianten nennt der Textkasten auf S. 158 und S. 159.

Bild rechts:
Brett vorne: Vier Umeboshi-Laibe – Pfeffer, Safran, Curry und Natur
Brett links: Vier Kimchi-Laibe – Ingwer, Paprikapulver, Koriandergrün und Natur
Brett hinten: Drei Möhrenlaibe – Chlorella und Chili, lila Basilikum und Bockshornklee
Brett rechts: Drei Rote-Bete-Laibe – Petersilie, Honig und Natur

Aromatische Ergebnisse

Wunderschön bunt sahen sie aus, die kleinen Nusslaibe. Sie reiften nur vier Wochen, da Frühling war und sie relativ schnell trockneten. Was mich am meisten bei diesem Experiment faszinierte, war die Fermentation. Es ging nicht darum, die Nusslaibe zu würzen, sondern zu beobachten, wie sich die Kräuter und Gewürze bei der Fermentation veränderten und damit komplett neue Laibe entstehen ließen. Hier kann man wahrscheinlich noch Jahre weitermachen und immer wieder Neues entdecken. Der Kreativität sind kaum Grenzen gesetzt. Im Folgenden fasse ich die wichtigsten Erkenntnisse zusammen.

Kräuter

Es macht einen Unterschied, ob man frische oder getrocknete Kräuter verwendet.

Frische Kräuter sind milder im Geschmack, wobei sie bei der Reifung mitfermentieren und dabei durchaus ihren Geschmack verändern. Dies war mir vorher nicht so bewusst und ich fand den Effekt der fermentierten Kräuter sehr interessant in Kombination mit dem Geschmack des Nusslaibs. Auch macht es einen Unterschied, ob ich die frischen Kräuter nur gehackt untermische oder ob ich sie mit der Nussmasse püriere. Werden sie mitpüriert, färbt sich die Masse grün. Das mag ich vor allem bei frischer Creme, die ich als Brotaufstrich verwende. Aber es kann auch bei einigen gereiften Laiben eine nette Abwechslung sein.

Getrocknete Kräuter sind intensiver, daher sollte man weniger verwenden. Bei ihnen macht es keinen so großen Unterschied, ob man sie mitpüriert oder nur untermischt.

Getrocknete Gewürze

Paprikapulver oder Currygewürze färben die Nusslaibe entsprechend, was optisch für Abwechslung sorgt. Geschmacklich mag ich sie als Verfeinerung frischer Aufstriche lieber als in gereiften Laiben. Bockshornklee schmeckt sehr interessant, es hat etwas von Käsegeschmack. Man darf nur nicht zu viel verwenden, da er sehr intensiv ist. Gut ist das Brotgewürz mit Kümmel und sehr zu empfehlen ist auch der klassische Pfefferlaib.

Süßes

Als Abwechslung ist der süße Touch genial und überraschend. Sicher ist er ebenfalls gut geeignet für diejenigen, die nicht so sehr an fermentiertes Essen gewöhnt sind, da der Laib nicht säuerlich wird. Doch sollte nicht zu viel Süßes verwendet werden, da es die Fermentation vorantreibt und die Laibe stark aufgehen können.

Algenlaib mit Miso-Tofu und Chiasamen (links)
und Cashewlaib mit fermentiertem Knoblauch und schwarzen Oliven (rechts)

Algen

Mein Geschmack sind Algen nicht so sehr. Ich verwende sie nur für die Optik und in ganz geringen Mengen. Wem Spirulina schmeckt, der kann herrlich blaue Effekte damit erzielen. Ein Laib allerdings wurde sehr interessant, es war der Fermentierter-Tofu-Laib mit Chiasamen, Chlorella und Chili, vor allem war er etwas fürs Auge.

Getrocknetes Gemüse

Die schwarzen, schrumpeligen Oliven im Knoblauch-Honig-Laib sind ein Traum, das kann man nicht anders sagen. Die getrockneten Tomaten gefallen mir besser im frischen Aufstrich als im gereiften Laib. Bei der pürierten Version wurde der Laib recht trocken und schmeckte intensiv. Da gefällt es mir besser, die Nussmasse mit Tomatenpüree zu marmorieren, sodass nur kleine Stückchen im weißen Laib zu sehen sind.

Knollen und Wurzeln

Ingwer ist im Nusslaib nicht so mein Geschmack. Bei frischem Ingwer war der Laib auch anfälliger für Schimmel. Knoblauch hatte ich nur in Form der Honig-Version probiert. Man kann ihn sicher auch frisch gut verwenden. Für mich der Renner war der Rote-Bete-Wasabi-Laib. Ein unbeschreiblich cremiger Traum und absolut zu empfehlen! Vor allem sah er sehr verlockend aus in seinem rosapinken Look mit grünen Flecken. Natürlich kann man statt Wasabi sehr gut Meerrettich verwenden – auch wenn dann der visuelle Effekt wegfällt, wird es geschmacklich sicher genauso köstlich.

Bild links: Bunte Nusslaibe – zwei Sorten genauer benannt:
Sesamlaib mit Koriandergrün püriert (Mitte, 3. von links),
Knoblauch-Honig-Laib mit schwarzen Oliven (unten links)

Bunte Rezepte für Nusslaibe mit Kräutern und Gewürzen

Die Rezepte aus dem vorigen Kapitel (s. ab S. 151) ergeben jeweils vier kleine Nusslaibe pro Ferment. Ich ließ die Nussmasse zunächst ungewürzt zwei Tage fermentieren, dann teilte ich sie in vier Portionen. Eine Portion ließ ich neutral, ohne Kräuter. Die übrigen Portionen verfeinerte ich nach den folgenden Rezepten. Alle Laibe fermentierten in den kleinen Ringen. Somit sind diese Gewürzangaben jeweils nur für einen kleinen Nusslaib aus 125 g Trockengewicht berechnet.

Ferment: Rejuvelac – 3 Varianten

1. 1 EL Bierhefe und 1 EL Rosinen zusammen mit der Nussmasse pürieren.
2. 40 g in Wasser eingeweichte getrocknete Tomaten und 2 TL Salbei, frisch und getrocknet, mit dem Stabmixer pürieren. Die Nussmasse mit dem Tomaten-Salbei-Püree marmorieren.
3. 40 g in Wasser eingeweichte getrocknete Tomaten und 2 TL frisches Basilikum zusammen mit der Nussmasse pürieren.

Ferment: Sauerkraut – 3 Varianten

1. 1 TL gemahlenes Brotgewürz (Anis, Fenchel, Kümmel, Koriander) unter die Nussmasse mischen und gut verrühren. Die obere Seite des Laibs mit einigen Kümmelkörnern bestreuen.
2. 4 EL frischen Schnittlauch mit der Nussmasse pürieren. Die Masse wird dabei grün.
3. 2 TL Thymian, davon 1 TL frisch und 1 TL getrocknet, sowie 2 TL Rosmarin, davon 1 TL frisch und 1 TL getrocknet, klein hacken und unter die Nussmasse mischen. Mit ein wenig getrocknetem Thymian und Rosmarin bestreuen.

Ferment: Rote Bete – 3 Varianten

1. 1 EL Honig unter die Nussmasse rühren oder nochmals pürieren.
2. 2 TL Wasabipulver in etwas Wasser anrühren. Die Nussmasse damit marmorieren.
3. 3 EL frische Petersilie, 1 TL getrockneten Thymian, 1 TL getrockneten Rosmarin und 1 TL getrockneten Salbei mit der Nussmasse pürieren.

Ferment: Möhren – 3 Varianten

1. ½ TL Bockshornkleepulver unter die Nussmasse rühren oder zusammen mit der Nussmasse nochmals pürieren.
2. 2 TL frisches lila Basilikum klein hacken, mit ½ TL Bockshornkleepulver mischen und unter die Nussmasse rühren.
3. ½ TL Chlorellapulver mit etwa Wasser anrühren, ½ TL Chiliflocken dazugeben und die Nussmasse damit marmorieren.

Ferment: Umeboshi – 3 Varianten

1. 100 mg Safranpulver unter die Nussmasse rühren.
2. 1 TL schwarzen Pfeffer und ½ TL rosa Pfeffer mahlen und unter die Nussmasse mischen.

Den Laib mit etwas rotem und schwarzem Pfeffer bestreuen.

3. 1 TL Madras-Currypulver unter die Nussmasse mischen.

Ferment: Kimchi – 3 Varianten

1. 1 EL Paprikapulver und ½ TL Chiliflocken unter die Nussmasse rühren.
2. 10 g frischen Ingwer schälen und zusammen mit der Nussmasse pürieren.
3. 3 EL Koriandergrün zusammen mit der Nussmasse pürieren.

Ferment: Knoblauch in Honig – 1 Variante

7 schwarze, schrumpelige Oliven entsteinen und klein schneiden. 1 EL frische Petersilie klein hacken und zusammen mit 1 TL Chiliflocken und den Oliven unter die Nussmasse rühren.

Ferment: Miso – 1 Variante

2 TL Senf unter die Nussmasse rühren.

Ferment: Fermentierter Tofu – 1 Variante

1 TL Chiasamen mit 2 TL Wasser mischen. ½ TL Chlorellapulver und ½ TL Chiliflocken zu den Chiasamen geben und gut verrühren. Mit dieser angedickten Paste die Nussmasse marmorieren.

Kräuterlaibe

Zusätzlich stellte ich jeweils zwei kleine Sonnenblumenlaibe, Sesamlaibe und Erdnusslaibe her: aus jeweils 250 g (Trockengewicht) Nüssen beziehungsweise Kernen, 250 ml Wasser, 75 ml Rejuvelac und 2 TL Salz. Da ich die Masse in einem mit Tuch ausgelegten Sieb abhängen ließ, nahm ich im Verhältnis die gleiche Menge Flüssigkeit wie bei den Rezepten der großen gepressten Laibe.

Zum Vergleich machte ich eine Hälfte ohne und eine mit Kräutern. Für die Kräuterlaibe pürierte ich die Nussmasse nach einer Fermentation von zwei Tagen mit frischen Kräutern.

- Sonnenblumenlaib: 1 EL Rosmarin, 1 EL Thymian und 1 EL Basilikum
- Erdnusslaib: 4 EL Schnittlauch
- Sesamlaib: 3 EL Koriandergrün

Danach gab ich diese bunten Nussmassen in die kleinen Ringe und sie gingen in ihren Reifungsprozess.

Sesamlaib mit Koriandergrün (links) und Sonnenblumenlaib mit Basilikum (rechts)

Sesamlaib und Erdnusslaib mit frischen Kräutern

Hier gefiel es mir, die Kräuter mit der Nussmasse zu pürieren. Es macht den sonst sehr milden Erdnusslaib etwas interessanter und der Sesamlaib mit Koriandergrün wird milder, die Kombination passt einfach gut. Auch das hellgrüne Aussehen ist eine erfrischende Abwechslung.

Sonnenblumenlaib mit frischen Kräutern

Die Rinde des Sonnenblumenlaibs mit frischen Kräutern wurde außen komplett schwarz. Zuerst war ich etwas irritiert, doch als ich ihn anschnitt, war er innen saftig grün und hatte einen tollen Geschmack. Wir haben auch die Rinde gegessen, denn es war keine Spur von Schimmel zu erkennen. Ich nehme an, dass es eine Reaktion der mitfermentierten Kräuter war, die gemischt mit den Sonnenblumenkernen diese Farbe ergab.

Später habe ich einmal einen Sonnenblumenlaib mit Kräutern ausprobiert, diese aber nicht zusammen mit der Masse püriert, sondern nur klein gehackt und untergemischt. Dabei ist die Rinde nicht schwarz geworden. Das zeigt wieder einmal, wie sehr sich die Laibe während der Reifung verändern und wie viele unterschiedliche Sorten es zu entdecken gibt. Mir gefällt der schwarze Effekt sehr gut, er erinnert mich an einen italienischen Käsemarkt.

Weitere Nusslaib-Delikatessen

Wir sind noch nicht am Ende! Mir fiel da noch etwas ein, was ich schon immer ausprobieren wollte, und etwas anderes, was ich nochmals wiederholen mochte. Nach all den Erfahrungen mit Kräutern und Gewürzen, bei denen ich hauptsächlich Cashewkerne verwendet hatte, kam wieder meine Vorliebe für die klassischen Sorten zum Vorschein. Einfach nur die Nüsse oder Kerne neutral fermentieren und reifen lassen, um herauszufinden, wie sich ihr natürlicher Geschmack mit der Reifezeit verändert. Bei Cashewkernen und Sonnenblumenkernen, Erdnüssen und Sesamkörnern hatte ich das bereits zur Genüge erlebt, so suchte ich mir neue Nussarten, mit denen ich weitere Experimente starten konnte.

Die folgende Übersicht nennt die Rezepte. Ich habe jeweils 500 g Trockengewicht und Rejuvelac als Ferment verwendet und diese Nussmassen alle mit dem großen (normalen) Aufsatz püriert. Macadamianüsse, Pistazien, Pinienkerne und Walnüsse konnte ich in einer Blender-Ladung pürieren, Haselnüsse und Mandeln auf zweimal, da sie sehr hart sind. Die Nussmassen ließ ich im Sieb mit Tuch fermentieren und in den kleinen Ringen reifen. Pro Nussart entstanden drei Laibe (Macadamia) oder vier (alle anderen Nüsse) und ich ließ sie vier bis sechs Wochen reifen.

Rezepte für weitere Nusslaib-Delikatessen

500 g Trockengewicht						
	Macadamia	Pistazie	Pinienkern	Haselnuss	Mandel	Walnuss
Gewicht, eingeweicht	560 g	950 g	680 g	700 g	700 g	660 g
Wasser	350 ml	250 ml	300 ml	700 ml	600 ml	500 ml
Ferment (Rejuvelac)	100 ml	100 ml	100 ml	130 ml	150 ml	100 ml
Salz	2 TL	2 TL	2 TL	2 TL	2 TL	2 TL
Gewicht, frische Nussmasse	1000 g	1200 g	1100 g	1440 g	1400 g	1240 g
zum Vergleich: 250 g Trockengewicht						
	Macadamia	Pistazie	Pinienkern	Haselnuss	Mandel	Walnuss
Gewicht, eingeweicht	280 g	475 g	340 g	350 g	350 g	330 g
Wasser	175 ml	125 ml	150 ml	350 ml	300 ml	250 ml
Ferment (Rejuvelac)	50 ml	50 ml	50 ml	65 ml	75 ml	50 ml
Salz	1 TL	1 TL	1 TL	1 TL	1 TL	1 TL
Gewicht, frische Nussmasse	500 g	600 g	550 g	720 g	700 g	620 g

Eigenschaften dieser kernigen Köstlichkeiten

Macadamianüsse

Macadamianüsse sind recht teuer, deshalb hatte ich sie lange nicht für Nusslaibe probiert. Als ich sie aber das erste Mal zu einem besseren Preis aus Brasilien erhalten konnte, habe ich zugegriffen. Ich muss sagen, sie sind es wirklich wert. Die frische Creme sowie der fermentierte Laib sind ein Hochgenuss, und ich würde sie als Delikatessen bezeichnen.

Die Nussmasse ist wahnsinnig sahnig, noch cremiger als die der Cashewkerne. Sie ist ganz weiß und glänzt richtig, da Macadamianüsse viel Fett enthalten. Im Geschmack ist sie neutral, ohne typisches Käsearoma, vielleicht erinnert sie ein wenig an frischen Mozzarella und ist auch hervorragend als Brotaufstrich zu genießen.

Der getrocknete Laib bleibt relativ weich, lässt sich aber gut schneiden. Auch die Rinde wird aufgrund des Fettgehalts nicht richtig hart. Es entstand eine sehr gleichmäßige Oberfläche, die überhaupt keine Risse aufwies. Außen wird der Macadamialaib ein wenig hellgrau, bleibt innen aber ganz weiß. Die Konsistenz ist der eines Camemberts ähnlich, doch der Geschmack ist mild und eher neutral, wodurch dieser Laib hinsichtlich seiner Verwendung einem Mozzarella am nächsten kommt. Ich bereite ihn tatsächlich mit frischen Tomaten und Basilikum zu und kann dies als perfekte Variante eines Caprese-Salats wärmstens empfehlen.

Pistazienlaib

Diese Nüsse weicht man nur zwei Stunden ein, da sie sonst schleimig und sehr weich werden und schwieriger zu handhaben sind. Da sie in zwei Stunden weniger Wasser aufsaugen, entstanden aus 500 g Trockengewicht nur drei Laibe. Ich gab die Nussmasse in ein Sieb mit Tuch, doch es lief nur sehr wenig Flüssigkeit ab. Sicher könnte man die Nussmasse deshalb einfach in einem Plastikbehälter fermentieren ohne sie abtropfen zu lassen. Die Produktion von Macadamialaiben ist daher der von Cashewlaiben recht ähnlich. Diese beiden Nussarten ergeben die wohl homogensten Cremes und lassen sich am leichtesten im Blender verarbeiten.

Pistazien

Seit ich sie einmal als Ersatz für Kürbiskerne im Algenlaib gewählt hatte, wollte ich immer mal einen ganzen Laib aus Pistazien machen. Die Investition lohnt sich, denn sie bereichern jeden Tisch mit ihrer schönen grünen Farbe und einem außergewöhnlichen Geschmack. Die frische Creme ist sehr ergiebig, da die Pistazien viel Wasser aufsaugen. Auch ist sie sehr schmackhaft als Brotaufstrich. Sie ist ganz fein und cremig, nussig und grün, eine hübsche Abwechslung fürs Auge.

Die Flüssigkeit, die beim Abtropfen im Sieb in der ersten Stunde aus dem Tuch läuft, ist sehr cremig und auf jeden Fall aufzufangen und weiterzuverwenden. Beim Trocknen dauert es lange, bis die Oberfläche angetrocknet ist und man sie anfassen kann. Sie hatte anfangs einen leicht schmierigen Film auf der Rinde, der aber nach ein bis zwei Wochen verging, und die Laibe trockneten, als wäre nichts gewesen.

Der Geschmack ist sehr aromatisch, der Nachgeschmack sogar ein wenig pikant. Gereift bleibt der Laib innen cremig, und aufgeschnitten sieht er sehr schön grün aus.

Bild links: Macadamialaib

Pinienkernlaib

Pinienkerne

Geröstete Pinienkerne sind allseits beliebt, passen gut über italienische Gerichte, sind schön weiß und enthalten viel Fett. Sie erschienen mir vielversprechend für einen kleinen Laib. Die Nussmasse wurde sehr flüssig, roch recht streng und war nicht leicht in der Form zu halten. Doch mit etwas Geduld trockneten die Laibe und ergaben schön aussehende glänzende Nusslaibe, die vor allem hinsichtlich ihrer Konsistenz einem Camembert ähnelten. Der Geschmack war sehr intensiv mit einer kräftigen Note, die schwer zu beschreiben ist. Vielleicht entsprach er nicht unbedingt meinen Erwartungen an einen Laib voller gerösteter Pinienkerne. Auch hatte ich Zedernüsse getestet, die anfangs noch mehr rochen und nach der Reifezeit äußerlich dem Camembert noch mehr ähnelten, da sie eine weiße Schicht auf der Rinde bildeten. Beide Laibe waren sehr speziell im Geschmack und sind wohl eher für besondere Gelegenheiten geeignet. Es wäre einen Versuch wert, Pinienkernen mit Cashewkernen zu mischen, um dem Geschmack etwas von seiner Strenge zu nehmen.

Haselnüsse

An diese allerseits bekannte Nuss hatte ich bei der Nusslaibherstellung lange gar nicht gedacht. Vielleicht weil sie hier bei uns nicht so leicht verfügbar war. Doch war sie für mich auch immer eine Nuss für süße Sachen wie Schokolade oder Nussaufstrich. Das sollte sich nun ändern und ich probierte kleine Haselnusslaibe aus. Die Nüsse habe ich einfach mit den braunen Häutchen püriert, ohne diese vorher abzulösen.

Die frische Nussmasse schmeckte überhaupt nicht. Sie hatte zwar ganz gut gerochen, war aber ohne besonderes Aroma und sogar ein bisschen bitter. Das mochte an den Häutchen liegen, genauso wie an der Konsistenz, die eher grob und sandig war. Die Nüsse ohne braune Haut zu verwenden, wäre auf jeden Fall einen Versuch wert.

Haselnusslaib

Die Nussmasse muss auch durch ein Tuch abtropfen, die herauslaufende Flüssigkeit ist nicht sehr cremig, eher wässrig, und ich habe sie nicht weiterverwendet.

Mit der Fermentierung kam die Überraschung, denn die Nusslaibe veränderten sich sehr. Sie bekamen einen angenehmen käsigen Geruch, der stärker wurde, je länger sie reiften. Außen wurden sie richtig schön haselnussbraun und innen blieben sie weißlich braun gepunktet, was ohne die braune Haut sicherlich noch schöner aussehen würde. Als ich sie nach 4 Wochen Reifung probierte, war ich wirklich erstaunt, wie schmackhaft die Laibe geworden waren. Die Konsistenz war etwas trocken und sandig, ähnlich dem Erdnusslaib, der Geschmack aber war richtig herzhaft-käsig. Das hätte ich der Haselnuss gar nicht zugetraut, war sie doch die Nuss für Süßes. Auch wenn es nicht mein Lieblingslaib geworden ist, hat die Haselnuss durchaus eine große Verwandlung durchgemacht, von einer geschmacklosen Creme zu einem extravaganten Nusslaib.

Mandeln

Im ersten Jahr, als ich gerade anfing, die Nusslaibe zu trocknen, hatte ich bereits einige Male einen Mandellaib ausprobiert. Damals hatte ich ihn in der Bambusform gepresst, was prima funktionierte. Auch schmeckte mir der nussige Aufstrich mit Mandeln aus der Joghurtmaschine sehr gut. Da ich aber die braunen Häutchen der Mandeln immer selbst abziehen musste, war mir das für große Laibe zu aufwendig. Nach all dieser Zeit war ich jedoch neugierig, sie nochmals zu probieren.

Die Sahne, die beim Pressen oder Abhängen herausläuft, ist erstklassig in Qualität und Geschmack. Ich liebe es, sie für eine Pilzsahnesauce zu verwenden, denn sie ist ganz besonders cremig. Nicht umsonst macht man wohl aus Mandeln auch so gerne Mandelmilch.

Mandellaibe: gepresst (links) und aus kleiner Ringform (rechts)

Die frische Masse ist schön weiß mit einem milden Geschmack und ebenfalls hervorragend als Brotaufstrich geeignet. Gereifte Laibe trocknen sehr gleichmäßig und ergeben eine feste eher gelbliche Rinde, während das Innere immer noch ein wenig feucht und weiß bleibt. Die Konsistenz gleicht ein wenig der von Marzipan, ist aber ein bisschen cremiger, jedoch nicht ganz so homogen wie bei Cashewkernen oder Macadamianüssen. Mit der Reifung wird der Geschmack ein bisschen kräftiger. Obwohl ich den Mandellaib nicht zu den stark riechenden Sorten zählen würde, sondern eher zu den milden, hat er trotzdem seinen speziellen Geruch. Mandellaibe haben für mich etwas Ähnlichkeit mit Ziegenkäse, mittlerweile sind sie Klassiker in meiner Sammlung geworden. Die Mandel gehört auf jeden Fall zu den Favoriten bei der Nusslaibherstellung.

Walnüsse

Hier ist sie wieder! Die magische Walnuss, mit der alles angefangen hatte und die mich überhaupt darauf gebracht hatte, all diese Experimente zu wagen. So schließt sich der Kreis, und diesmal wird ein richtiger Nusslaib daraus. Ein oder zwei Mal hatte ich auch diesen bereits in der Bambusform gepresst ausprobiert und war damals schon sehr fasziniert von dem Ergebnis. Kein Vergleich zu meinem allerersten Versuch!

Aus der Nussmasse tritt auch einiges an Flüssigkeit aus, welche man sehr gut weiterverwenden kann. Wie wir vom Nussgetränk wissen (s. S. 43), ergibt sich eine sahnige Konsistenz, die in diesem Fall natürlich salzig ist und sich deshalb gut zum Kochen verwenden lässt.

Walnusslaibe: gepresst (oben, unten links) und aus kleiner Ringform (unten rechts)

Die Walnusscreme, die als abwechslungsreicher Brotaufstrich glänzt, hat wohl den ungewöhnlichsten Geschmack aller Nussmassen. Man schmeckt heraus, dass es Walnuss ist, doch gleichzeitig entwickelt sich ein ganz neues Aroma. Dieses verändert sich beim Fermentieren und je älter der Nusslaib wird, desto weniger erkennt man die Walnuss in ihm.

Das Eindrucksvollste an diesem Nusslaib ist aber seine Farbe, denn er wird außen lila und innen ist er rosafarben. Dem braucht man wohl nichts hinzuzufügen. Ein lilafarbener Walnusslaib, ein absolut einzigartiges Spiel der Verwandlung!

Welcher schmeckt nun am besten?

Was für eine Frage! Als ob das so leicht zu beantworten ist. Mein Partner und ich haben beobachtet, dass es durchaus tagesformabhängig ist, welcher Nusslaib besser schmeckt. Es könnte auch damit zu tun haben, welchen man als Erstes probiert, sodass dieser an jenem Tag besonders gut schmeckt. Wie sie mir persönlich schmecken, habe ich bei den einzelnen Nusslaibsorten bereits ein wenig beschrieben. Ich hoffe jedoch, dass niemand diese Beschreibungen allzu genau nimmt. Jeder Nusslaib wird anders. Auch hatte ich nie das Ziel, einen absolut einheitlichen Geschmack zu erreichen. Ich mochte diese handgemachten Laibe, die alle ein wenig unterschiedlich aussahen und immer wieder anders schmeckten. Nur eines kann ich bestätigen, es gab keinen einzigen Nusslaib, der mir ganz und gar nicht schmeckte. Alle waren auf ihre Art und Weise besonders und überzeugend.

An dieser Stelle möchte ich noch etwas Technisches zum Geschmack wiederholen, das ich bereits angesprochen habe. Anfangs verwendete ich immer Zitronensaft, weil viele Rezepte ihn nannten. Doch er machte die Laibe ein wenig säuerlich, vor allem wenn sie nicht so lange reiften. Er ist zudem überhaupt nicht notwendig für die Haltbarkeit oder Ähnliches, und die Nusslaibe werden viel milder und natürlicher ohne ihn. Das Gleiche erlebte ich mit Bierhefe. Anfangs hatte ich sogar einmal verschiedene Laibe ohne sie ausprobiert. Doch damals schmeckten sie mir nicht, sodass ich die Bierhefe weiterverwendete. Als ich sie später wieder wegließ, stellte ich fest, dass die Nusslaibe wesentlich natürlicher schmeckten. Heute nutze ich sie nur noch selten zum Würzen, zum Beispiel für den Hartgereiften Laib zum Reiben. Auch die Erfahrung der verschiedenen Fermente zeigte mir, dass man ohne Gewürze den Geschmack ganz leicht und natürlich verändern kann, genauso wie durch unterschiedlich lange Reifung.

Daraufhin frage ich mich, was mit meinen Geschmacksnerven in den letzten Jahren wohl passiert sein könnte. Anfangs wollte ich Käse imitieren und habe nach einem Käsegeschmack gesucht. Mit der Zeit fand ich heraus, wie schmackhaft die Nusslaibe für sich selbst sind, und habe meine gesamte Suche verändert. Nicht mehr den ultimativen Käseersatz wollte ich finden, sondern den ultimativen Nusslaib kreieren. Letzterer sollte seinen ganz eigenen Geschmack haben, so wie die Nuss sich eben verändert, wenn sie püriert und dann fermentiert wird. Damit veränderte sich auch mein Geschmackserlebnis, denn der Kopf isst immer mit.

Wie es einem schmeckt, hängt also auch von der Erwartung ab. Ich habe es bei Freunden erlebt, wenn wir Besuch hatten oder mal einen Nusslaib zum Probieren mitbrachten. Besteht die Erwartung, dass der Laib wie Käse schmeckt, mag manch einer vielleicht enttäuscht sein. Die Laibe haben eben nicht den Fettgehalt, den wir an Käse so lieben, und auch der Milchzucker bleibt aus. Es ist ganz logisch, dass sie nicht wie Kuhmilchkäse schmecken, daher sollte man diese Erwartung am besten gar nicht erst haben. Was nicht bedeutet, dass sie keinen käsigen Geschmack haben, doch das pflanzliche Fett schmeckt leichter und sie sind nicht süßlich. Mein Geschmack veränderte sich dann genau in die Richtung, dies zu erkennen. Ich bemerkte, wie fettreich mancher Käse ist und in der Tat ein wenig süß, was mir vorher nie bewusst war. Je mehr Nusslaibe ich in meine Ernährung einbaute, desto klarer wurde mir der Unterschied, und desto feiner fand ich diese Laibe. Manchmal konnte ich es gar nicht mit ansehen, wenn wir hin und wieder einen Laib auf ein Fest mitnahmen und jemand ein riesiges Stück vom Nusslaib abschnitt und es in sich hineinstopfte. So empfand ich es zumindest. Vielleicht lag es daran, dass ich so viel Arbeit und Pflege, Einsalzen und Umdrehen in einer Sekunde verschwinden sah. Schnitt ich selbst doch immer nur vorsichtig ein kleines Stückchen ab, denn für mich wurden die Nusslaibe zu einer

Delikatesse. Vielleicht spiegelte es aber auch unser Essverhalten wider und zeigt, wie anders man doch seine Nahrungsmittel sieht und wertschätzt, wenn man sie selbst gemacht und nicht – ohne viel nachzudenken – schnell im Supermarkt eingekauft hat.

Während dieser kreativen Arbeitsphase mit verschiedenen Gewürzen und Fermenten ergab sich natürlich die Gelegenheit, die unterschiedlichen Geschmäcker und Aromen zu vergleichen. Das dachte ich zumindest. Meine Freundin, die genauso verrückt nach Nusslaiben war wie ich und mit der ich oft meine neuen Kreationen teilte, kam zur Nusslaibprobe. Mit wem sonst als mit ihr und unseren Partnern hätte ich an einem Abend 24 verschiedene Nusslaibsorten probieren können? Einen nach dem anderen probierten wir. Anfangs versuchten wir noch sehr ernst alle Aromen zu vergleichen und die Nuancen der verschiedenen Fermente und Gewürze auseinanderzuhalten. Spätestens nach dem zehnten Laib gaben wir auf, uns wie kulinarische Nusslaibsommeliere zu verhalten. Wir probierten zwar tatsächlich, mit diversen Pausen, alle 24 Sorten durch, konnten aber am Ende kaum noch die Aromen unterscheiden, weil wir jeder einen riesigen Nusslaib im Magen hatten! Ich will mich also gar nicht erst darin versuchen, all diese Geschmäcker zu beschreiben. Es ist unmöglich.

Trotzdem möchte ich zum Schluss meine persönlichen Vorlieben nicht vorenthalten, wobei sie sicher im Laufe des Buches schon ab und an zum Vorschein kamen. Ich liebe das Walnussgetränk und stehe auf Cashewcreme zum Kochen, wobei mein Partner ohne die Sonnenblumencreme kaum leben kann. Bei Brotaufstrich schwöre ich auf den nussigen Aufstrich aus Cashewnüssen, mit frischem Schnittlauch und Petersilie gewürzt. Den klassischen Cashewlaib mag ich am liebsten mit Möhrenferment, und als gewürzter Laib schmeckt mir Rote Bete mit Wasabi genauso phänomenal wie Knoblauch in Honig mit schwarzen Oliven und Chili. Zum Reiben darf der Hartgereifte nie fehlen. Sonnenblumenlaibe sind preisgünstig und ideal für das Käsebrot am Berg. Leider stehen sie manchmal ein bisschen im Schatten der anderen. Schade eigentlich, denn es sind tolle Nusslaibe. Ein Laib muss bei mir zu Hause immer vorrätig sein, und das ist der Sesamlaib, mein absoluter »Lieblingsstinker«. Macadamialaibe und Mandellaibe kommen als Delikatessen liebend gerne hin und wieder auf den Tisch. Ja, und der Walnusslaib, der müsste eigentlich viel häufiger in meinem Regal zu sehen sein. Wir haben zehn Walnussbäume gepflanzt, damit wir eines Tages unsere eigene Ernte zu Nusslaiben verarbeiten können. Das ist ein neuer Traum. Aber dazu müssen wir noch ein paar Jahre warten, bis die Bäume uns ihre ersten Früchte bringen. Man braucht eben Geduld bei der Nusslaibherstellung!

Um also den leckersten Nusslaib herauszufinden, muss sie wohl jeder selbst probieren. Denn am Ende ist es nun einmal Geschmackssache!

Der ga-laktische Kreis schließt sich

Nach all diesen Entdeckungen war es für mich gar nicht mehr nötig, Milchprodukte einzukaufen. Für alle Lebensmittel hatte ich meine neue Version gefunden. Einige wenige Produkte standen noch auf meiner Liste, die ich in meinem Vorratsschrank vermisste. Auch dafür fand ich Alternativen. Daher möchte ich die folgenden beiden Rezepte für einen Pizza-Aufstrich und Kokosbutter ergänzen, die durchaus wichtig sein können, wenn man sich laktosefrei ernähren möchte. Äußerst praktisch finde ich außerdem, dass sich diese Lebensmittel aus trockenen Zutaten, die man lange in der Speisekammer lagern kann, herstellen lassen. Kein Einkauf mehr aus dem Kühlregal, welcher innerhalb kurzer Zeit zu Hause schlecht werden kann.

Jetzt hatte ich tatsächlich keine Wünsche mehr offen. Ich war rundum glücklich und konnte manchmal selbst gar nicht glauben, wie diese Nusskreationen nach und nach in meinem Haushalt Einzug gehalten hatten. Wegdenken kann ich sie mir heute nicht mehr.

So hoffe ich, dass diese Rezepte das Sortiment der ga-laktischen Nussverwandlungen abrunden, und wünsche gutes Gelingen!

Nussmehl

Nussmehl wie man es für den Pizza-Aufstrich auf der folgenden Seite benötigt, kann man mit einem guten Blender selbst machen, indem man einfach die ganzen Nüsse, Mandeln oder sonstigen Kerne hineingibt und nur ganz kurz (maximal sechs Sekunden) auf höchster Stufe zerkleinert. Nicht in der Getreidemühle, das Nussöl setzt sich darin fest! Bei Nussmehlen aus dem Laden, wie Mandelmehl oder Kokosmehl, handelt es sich um den Teil der Nuss in gemahlener Form, der nach dem Auspressen des Nussöls übrig ist. Man kann diese fettarmen Nussmehle für den Pizza-Aufstrich genauso gut verwenden.

Mandelmehl ist zum Backen hervorragend geeignet. Cashewmehl verwende ich als »Instant-Milchpulver-Ersatz« für fertige Müslimischungen beim Campen oder für unterwegs. Es ist zum Kochen als Sahneersatz bestens geeignet. Einfach in Wasser aufgelöst in den Kochtopf geben. Auf längeren Reisen verwende ich es sogar, um daraus eine fermentierte Creme anzusetzen. Mit etwas Sauerkrautsaft oder Miso-Paste, die ich meist dabei habe, mische ich das Mehl mit Wasser, Salz und dem Ferment und lasse es einen Tag bei Zimmertemperatur fermentieren. Fertig ist mein Instantlaib ohne Stabmixer und ohne Blender!

Pizza-Aufstrich

Natürlich fehlte ein Pizzakäse in der Sammlung. Die fermentierten Nusslaibe kann man selbstverständlich auf die Pizza legen, doch sind sie dafür viel zu schade. Die Laibe in Rohkostform würden all ihre guten Nährstoffe und Milchsäurebakterien verlieren, wenn sie erhitzt werden. Außerdem zerlaufen sie zwar – aber wenn sie nur ein bisschen zu lange im Ofen sind, werden sie sehr trocken, und für eine Pizza kann es ruhig ein wenig saftiger zugehen.

Bei diesem Rezept wird der Aufstrich durch Aufkochen zubereitet, was natürlich nichts mit der Nusslaibherstellung zu tun hat. Doch ist es in diesem Fall sinnvoll, einen gekochten Käseersatz zu verwenden, da die Creme sowieso mit der Pizza in den Ofen kommt und überbacken wird.

Ich stelle mir immer eine etwas größere Menge der trockenen Zutaten her und habe sie als »Instant-Pizza-Aufstrich« bereit. So brauche ich nur noch Wasser dazuzugeben, aufzukochen, und fertig ist der Pizza-Käse-Ersatz. Das Pulver ist auch sehr praktisch für Reisen oder zum Würzen von Saucen oder anderen Gerichten.

100 g Cashew-, Sonnenblumen-, Erdnuss- oder Mandelmehl
4 EL Bierhefe, 2 EL Vollrohrzucker oder Sirup
1 TL Currypulver (oder 1 TL Kurkuma mit 1 TL getrockneten Oregano oder Basilikum)
1 TL Salz
250 ml Wasser

- Die trockenen Zutaten mischen und in einen Topf geben. Das Wasser (und gegebenenfalls den Sirup) dazugeben und gut umrühren, bis sich alles aufgelöst hat. Dann kurz aufkochen, dabei stetig rühren, damit die Masse nicht ansetzt. Ist sie deutlich eingedickt, beiseite stellen und etwas abkühlen lassen.
- Löffelweise Kleckse auf die Pizza geben – oder mit einem Spachtel verstreichen: In diesem Fall den weiteren Belag auf den Pizza-Aufstrich oben drauf dekorieren.

Nussmus

Nussmus wird ohne Wasser hergestellt. Wenn man einen Blender hat, der auch für dickflüssige Massen geeignet ist, kann man alle möglichen Pasten selbst machen, zum Beispiel Mandelmus, Cashewmus, Erdnussbutter, Tahini aus Sesamkörnern. Selbst Marzipan kann man im Blender herstellen, denn es besteht nur aus Mandeln mit Zucker oder Honig und etwas Rosenwasser. Jedes Nussmus kann übrigens mit Wasser verdünnt anstelle von Sahne auch gut zum Kochen verwendet werden. Es schmeckt allerdings anders als eine mit Wasser hergestellte Creme.

Kokosbutter

Was wäre ein frisch gebackenes Brot ohne Butter? Lustigerweise habe ich früher nie Butter gegessen. Erst seit ich mein Brot selbst backe, kam das Verlangen nach Butter auf. Ausgerechnet zu dieser Zeit aber begann ich, nach und nach auf Milchprodukte zu verzichten. Welch seltsamer Zufall, doch er brachte mich genau zu diesem Rezept. Alles hat seinen Sinn, und diese Kokosbutter lieben sogar Freunde und Nachbarn, die gar nichts mit veganer oder laktosefreier Ernährung zu tun haben. Sie schmeckt wirklich ausgezeichnet und zerläuft sogar auf dem getoasteten Brot.

Für die Kokosbutter braucht man einen Emulgator, um Öl mit Wasser zu verbinden. In diesem Fall ist es verhältnismäßig viel Öl mit wenig Wasser (etwa ¾ Öl und ¼ Wasser). Sonnenblumenlecithin erfüllt diese Aufgabe. Meistens ist es ein Granulat, welches man gut in Teelöffeln abmessen kann. Die flüssige Form ist etwa klebriger und umständlicher anzuwenden. Die Maßangaben sollte man sehr genau beachten, da sonst der Emulgator vielleicht nicht richtig funktioniert.

50 g Cashewkerne
110 ml Wasser
2 TL Apfelessig (oder Reisessig)
½ TL Salz
2 TL Sonnenblumenöl
320 ml Kokosöl
2 TL Sonnenblumenlecithin

- Die Cashewkerne (trocken, nicht eingeweicht), Wasser, Essig und Salz in den Mixer geben und cremig pürieren.
- Das Kokosöl schmelzen. Damit die Butter geschmeidig wird, ist es wichtig, dass die Masse nach dem Mixen so schnell wie möglich fest wird. Daher sollte das Öl nicht zu heiß sein, sondern möglichst nah an Raumtemperatur.
- Das Sonnenblumenöl und Lecithin zur Cashewcreme geben und nochmals mixen. Dann die Hälfte des Kokosöls dazugeben und wieder mixen. Nun den Rest des Öls in den Behälter geben und alles etwa eine Minute weitermixen.
- Jetzt in einen Behälter oder eine Form gießen und sofort in das Gefrierfach stellen. Ein Eiswürfelbehälter macht sich auch gut dafür. Die Kokosbutter ist nach einer Stunde fertig und kann in den Kühlschrank gestellt werden. Größere Mengen können auch im Gefrierfach bleiben, bis sie gebraucht werden. Das Rezept ergibt ungefähr 450 g.

Teil 4:
neue Blickwinkel

Warum sollte man Nüsse und Kerne fermentieren?

Spätestens als ich meine erste Kiste mit 22 Kilo Cashewkernen zu Hause stehen hatte, kam die Frage auf, ob es wohl gut sei, so viele Nüsse und Kerne zu verzehren. Auch beschäftigte mich der Gedanke, ob es von Seiten der Natur überhaupt sinnvoll ist, Nüsse zu fermentieren. Schließlich werden Gemüse und Früchte in Form von Sauerkraut, Kimchi oder Umeboshi fermentiert, weil sie sonst verderben würden. Sie werden also haltbar gemacht, damit man sie den Winter über als Vorrat zur Verfügung hat, was bei Nüssen und Kernen kein dringender Grund zur Fermentation wäre. Erdnüsse und Cashewkerne sind zwar ein bisschen anfälliger für Schimmel und daher nicht ganz so lange haltbar wie Walnüsse oder Mandeln. Doch generell, wenn sie gut gelagert werden, halten sie ein Jahr, also bis zur nächsten Ernte.

In der Natur würde also eher das Argument zählen, Nüsse und Kerne dann in Nusslaibe zu verwandeln, wenn man eine so große Ernte hat, dass die Hälfte vergammeln würde. Wenn man nicht alle Nüsse verbraucht, was macht man dann mit ihnen? Man könnte neue Bäume pflanzen, aber dazu braucht man höchstens eine Handvoll. Roh sollten nicht so viele Nüsse verzehrt werden. Beim Thema Einweichzeiten habe ich bereits die Phytinsäure genannt, die beim Verzehr roher Nüsse, zumindest in großen Mengen, die Verfügbarkeit von Mineralstoffen einschränken kann. Natürlich könnte man sie einweichen und anschließend in einem Dehydriergerät wieder trocknen lassen. Das wäre eine Möglichkeit, um ganze Nüsse in gesünderer Form zu sich zu nehmen. Doch stelle man sich eine große Ernte vor, wäre eine Weiterverarbeitung in Nusslaibe wesentlich effektiver.

Mir fällt dabei unsere Zeit auf der Farm ein. Im Herbst fielen so viele Nüsse auf den Boden und nach der ersten Ernte hat sie niemand mehr eingesammelt, sodass sich am Ende die Hunde und Pferde über sie hermachten. Nicht dass ich den Tieren keine Nüsse gönne. Doch wäre es nicht schön, aus den Resten, die man nicht verkaufen oder selbst roh verzehren kann, Nusslaibe zu machen? Es wäre ein zusätzliches Einkommen sowie ein zusätzliches Lebensmittel für die Farmerfamilie und man bräuchte keine Milchkuh mehr zu halten, um herkömmlichen Käse herzustellen.

Nusslaibe enthalten außerdem viele Nährstoffe, wie Kalzium, Magnesium, viele Vitamine und pflanzliches Eiweiß. Durch die Fermentation wird die Verdaulichkeit der Proteine verbessert, der Proteingehalt erhöht und der Kohlenhydratanteil verringert. Das gesunde pflanzliche Fett kann so vom Körper besser aufgenommen werden. Ein

Nusslaib ist daher ein fantastisches vollwertiges Nahrungsmittel. Nachteile von zu viel Verzehr kann ich in keiner Weise bestätigen. Wir essen Nusslaibe, Brotaufstrich und Cremes nun seit vielen Jahren fast täglich, und es geht uns blendend. Die Haut- und Darmprobleme habe ich durch den Verzicht auf Milchprodukte sehr gut in den Griff bekommen. Auch meine Freundin, eine Ernährungsberaterin, die selbst Laibe herstellt und viel davon verzehrt, konnte mir bestätigen, dass bei größerem Verzehr nur Positives festzustellen ist. Nusscremes und Nusslaibe haben also viele Vorteile zu verzeichnen, sind bestens bekömmlich und wunderbar nahrhaft. Dabei sei noch erwähnt, dass man Nusslaibe normalerweise nicht in der gleichen Menge schneidet wie ein Stück herkömmlicher Käse. Sie sind wesentlich gehaltvoller und nährstoffdichter.

Der Fettgehalt von Käse macht vielen Menschen, die hohe Cholesterinwerte haben, gesundheitliche Beschwerden. Laktoseintoleranz ist in unserer Gesellschaft verbreitet. Und mittlerweile gibt es viele Vegetarier, Veganer oder einfach Menschen, die die Tierindustrie nicht mehr unterstützen möchten. All diesen Personen bieten fermentierte Nusslaibe eine schmackhafte Alternative. Zu schade fände ich es allerdings, wenn die Konsumenten nur aus bestimmten Gruppen kämen. Denn nicht zuletzt enthalten die Laibe durch ihren Fermentationsprozess viele gute Milchsäurebakterien, die die Darmflora positiv unterstützen und die Nusslaibe zu einem gesunden Lebensmittel machen. Warum sollten sie also nicht für jedermann bekömmlich sein und neben dem Gesundheitsaspekt durchaus auch als Delikatesse auf den Tisch kommen?

Die guten Bakterien im Nusslaib

Ein fermentierter Nusslaib ist ein lebendiges Lebensmittel. Die bei der Fermentation entstehenden Milchsäurebakterien bauen die enthaltenen Kohlenhydrate zu Milchsäure ab. Dadurch werden die roh eher schwer verdaulichen Nüsse und Kerne leichter verdaulich. Gleichzeitig bleibt es aber ein rohes Lebensmittel, welches durch die Milchsäure im Rohzustand haltbar gemacht wurde. Dabei werden nicht nur ungünstige Substanzen wie Phytinsäure abgebaut, sondern es erhöht sich auch der Nährwert, und zwar nicht nur jener der Nüsse und Kerne, sondern auch der von Kräutern oder anderen Zutaten, die mitfermentiert werden.

Beim Fermentationsprozess entstehen unzählbar viele und verschiedene Mikroorganismen, die uns auch als Probiotika bekannt sind. Durch den Verzehr von fermentierten Lebensmitteln wie Sauerkraut, Kimchi, Miso und Nusslaiben fördern wir die Besiedelung guter Bakterien in unserem Darm. Auch wasserlösliche Ballaststoffe, ein Teil davon Präbiotika genannt, die das Wachstum unserer guten Darmbakterien unterstützen und ihnen als Nahrung dienen, werden mit fermentierten Lebensmitteln bereitgestellt. Neben vielen weiteren Pflanzen enthalten Artischocken, Lauch, Knoblauch oder Zwiebeln lösliche Ballaststoffe ebenso wie Roggen, Gerste oder Hafer. Nun stelle man sich ein Roggenbrot mit Nusslaib oder fermentiertem Brotaufstrich vor. Das nennt man dann Synbiotika, nämlich die Kombination aus Probiotika und Präbiotika. All diese Mikroorganismen tragen zu einer Verbesserung der Verdauung, Unterstützung der Darmflora und Stärkung unseres Immunsystems bei. Somit kann fermentierte Nahrung zur Gesunderhaltung und Heilung beitragen.

Der beste Beweis dafür war das Beobachten meiner Nusslaibe während der Trocknung- und Reifung, als die guten Bakterien in der Nussmasse eine Umgebung aus Schimmelpilzen heilen konnten. Je länger sie standen, fermentierten und reiften, desto gesünder wurde ihre Oberfläche, bis kein einziger Fleck Schimmel mehr darauf zu sehen war. Unsere japanischen Freunde sagten uns einmal, Fermentieren sei doch toll! Man könne alle hässlichen alten und übrig gebliebenen Gemüse und Früchte, die man so gar nicht mehr essen mag, hervorragend fermentieren, haltbar machen und zu etwas Neuem verwandeln. Vielleicht kann man einem Nicht-Biogemüse durch Fermentation zumindest ein wenig zu neuem Leben verhelfen. Doch bleibt die Frage, ob sich genmanipuliertes Gemüse durch Fermentation in eine neue gesündere Form bringen lässt.

Laboruntersuchungen

Um auch einen wissenschaftlichen Einblick in die Fermentation zu bekommen, habe ich auf einer meiner Deutschlandreisen einige meiner Nusslaibe untersuchen lassen. Dabei wollte ich vor allem feststellen, wie viele Milchsäurebakterien tatsächlich in einem kleinen Laib enthalten sind. Außerdem war es mir wichtig zu wissen, dass keinerlei schädliche Keime enthalten sind.

Milchsäurebakterien

Als Ergebnis der Laboruntersuchungen vom Juni 2018 beim Labor Dr. Böhm in München wurden mir folgende Zahlen vorgelegt:

- Cashewlaib mit Möhrenferment:
  9 900 000 Milchsäurebakterien pro Gramm Nusslaib
- Sesamlaib mit Rejuvelac fermentiert:
  14 000 000 Milchsäurebakterien pro Gramm Nusslaib

Die Beurteilung lautete:
»Der ermittelte Gehalt an Milchsäurebakterien liegt im produktüblichen Rahmen. Die Krankheitserreger Escherichia coli, koagulasepositive Staphylokokken, Pseudomonas aeruginosa, Listeria monocytogenes und Salmonellen waren nicht nachweisbar.«

Zum besseren Verständnis dieser Zahlen sei bemerkt, dass ein probiotisches Lebensmittel mehr als 1 000 000 Milchsäurebakterien pro Gramm enthalten sollte. Die untersuchten Nusslaibe schneiden hier also mit einem knapp 10-fachen bzw. 14-fachen Wert ab. Ein täglicher Bedarf an Milchsäurebakterien ist nicht bekannt, man schätzt aber, dass eine Zufuhr von 100 Millionen Milchsäurebakterien pro Tag förderlich ist. Das entspricht einer Menge von sieben bis zehn Gramm Nusslaib pro Tag.

Dieses Ergebnis kann sich durchaus sehen lassen. Dazu sei erwähnt, dass die beiden Nusslaibe in den kleinen Ringen hergestellt wurden, sechs Wochen gereift waren, anschließend neun Monate eingeschweißt im Kühlschrank lagen, bis sie dann mit mir nach Deutschland gereist sind. Würde man einen frischen gereiften Laib untersuchen, könnte dieser eventuell noch mehr gute Bakterien enthalten.

Vitamin B_{12}

Des Weiteren las ich immer wieder, dass fermentierte Lebensmittel Vitamin B_{12} enthalten sollen, und ließ daraufhin einen mit Rejuvelac fermentierten Sonnenblumenlaib untersuchen.

Das Ergebnis vom August 2018 beim Institut Kurz in Köln ergab, dass pro 100 g Nusslaib 0,053 µg Vitamin B_{12} (Cyanocobalamin) enthalten sind. Dieser Wert ist gering, aber immerhin ist etwas drin. Um allerdings den empfohlenen Tagesbedarf von 4 µg allein mit Nusslaiben zu decken, müsste man schon viele Nusslaibe verzehren.

Doch sind dies nur einige wenige Nachweise und Anhaltspunkte. Der gesamte Prozess der Fermentation ist so komplex und umfangreich, dass es keine einheitlichen Richtlinien gibt und man vieles gar nicht erklären kann. Jeder Körper funktioniert anders und sogar der eigene Körper verändert sich ständig, sodass er tagtäglich unterschiedliche Bedürfnisse hat. Jeder muss selbst herausfinden, wann und wie viele fermentierte Lebensmittel er zu sich nehmen will und sollte und wie sich diese auf die eigene Gesundheit auswirken.

Mondphasen

Ein weiterer durchaus interessanter Aspekt, der zu den vielen verschiedenen Einflüssen auf unseren Organismus gehört, ist der Mond. Die Mondphase beeinflusst die Erde, die Natur, die Pflanzen, Tiere und den Menschen. So wird in den Tagen vor Vollmond, während Vollmond und vor Neumond generell ein vermehrtes Wachstum festgestellt. Dies gilt natürlich auch für unsere Milchsäurebakterien, die sich in dieser Zeit ebenfalls stärker vermehren. Somit sind das ideale Zeiten für die Fermentation.

So habe ich zum Beispiel den Cashewlaib, den ich zur Untersuchung ins Labor gegeben hatte, fünf Tage vor Neumond hergestellt und den Sesamlaib am Vollmondtag selbst. Natürlich sind es nicht dieselben Laibe und immer spielen klimatische Faktoren eine Rolle, trotz allem ist die Anzahl an Milchsäurebakterien im Sesamlaib wesentlich höher. Weil der erste Tag der Fermentation die Hauptwachstumszeit der Bakterien ist, könnte der Mond zumindest einen Einfluss darauf gehabt haben.

Folgende Erfahrungswerte gelten für die Fermentation mit den Mondphasen:

- Vollmond: sehr hohe Aktivität, der beste Tag für die Fermentation
- Neumond: geringe Aktivität, nicht ideal zum Fermentieren
- 1 Tag nach dem Mondwechsel (nach Vollmond, nach Neumond):
  keine Aktivität, mindestens fünf Tage warten
- 5 Tage nach dem Mondwechsel: normale Aktivität mit zunehmender Tendenz
- 5 Tage vor Neumond: beschleunigte Wachstumszeit, hohe Aktivität, ideal für Fermentation
- 5 Tage vor Vollmond: beschleunigte Wachstumszeit, sehr hohe Aktivität, ideal für Fermentation

Es wäre eine gute Idee, die Darmflora mithilfe des Mondes wieder aufzubauen. Vielleicht sollten wir während der günstigen Tage mehr fermentiertes Gemüse oder Nusslaibe verzehren, damit sich auch in unserem Körper die guten Bakterien vermehren und wir ein gesundes Milieu entwickeln können.

Ein Lebensmittel für die Zukunft

Wie weit muss die Entwicklung der Nahrungsmittelindustrie wohl noch gehen, bis wir merken, dass wir weiter denn je von einer natürlichen Ernährung entfernt sind? Da helfen auch keine mit »Bio« bezeichneten Produkte, die genauso industriell hergestellt werden, durch Tausende von Händen gehen und irrsinnige Plastikverpackungen haben. Doch können die Verbraucher damit angenehm ihr Gewissen beruhigen, zahlen entsprechend mehr und müssen nichts an ihren Lebensgewohnheiten ändern. Denn Veränderung ist selbst heute in unserer schnelllebigen Zeit – und vielleicht gerade deshalb – für viele Menschen sehr anstrengend und mit Ängsten verbunden. Dabei kann es doch zu einem großen Spaß werden, neue Essensgewohnheiten zu entdecken, mit Freunden zu kochen und sich von alten Abhängigkeiten zu befreien. Die Natur gibt uns alles, was wir brauchen. Wir müssen es uns nur bewusst machen und vor die Haustür schauen. Glücklicherweise wachen immer mehr Menschen auf und kurbeln neue Projekte für eine gesündere Zukunft an.

Denn wir alle sind jetzt gefragt, uns um unsere Ernährung zu kümmern. Nur wir selbst können eine Veränderung in Gang setzen, oder wollen wir etwa den gewinnorientierten Konzernen und der Industrie die Verantwortung für unsere Gesundheit überlassen? Ehrlich gesagt, ich habe dieses Vertrauen nicht. Dabei handelt es sich nicht allein um Profitgier der Unternehmen, sondern auch um die Tatsache, dass ein Lebensmittel, welches ich in meinen Körper »hineinlasse« durch viele unbekannte Hände ging, von diversen Maschinen verarbeitet wurde, eine lange Reise hinter sich hat und mir nicht bekannte Zutaten enthält. Warum wohl sonst schmeckten Großmutters hausgemachte Kartoffelklöße einfach besser? Doch wenn wir nicht umdenken, machen Großmütter die Klöße bald nicht mehr selbst.

Der Trend geht also weg von Supermärkten und Fertiggerichten. »Selbst machen« heißt es bei der Bewegung »Homesteading«. Nur einige Grundnahrungsmittel müssen gekauft werden, die dann in eine kräftige gesunde Hausmannskost verarbeitet werden. Ein eigener Garten wäre natürlich toll, soweit dies möglich ist. »Back to the basics« könnte man auch sagen, aber nicht ganz, denn ein bisschen gesünder sollte es sein. Langverkochtes Gemüse mit fetten Saucen, die keine Vitamine mehr enthalten, sind nicht mehr in. Langdauernde Zubereitung und Verarbeitung von Rohstoffen, vor allem von Getreide, wird überflüssig. Nudeln und Brot, auch wenn sie selbst gemacht sind, durchlaufen mehrere Herstellungsprozesse, die nicht nur Arbeit bereiten, sondern auch das ursprüngliche Korn – nicht immer zum Besseren – verändern. Omas Kochbuch muss also ein wenig überarbeitet werden. Viel frisches Gemüse, Salate und Rohkost sind angesagt, kombiniert mit gegartem Getreide und Pseudogetreide wie Hirse oder Buchweizen sowie Hülsenfrüchten. Einmachen ist auch wieder in, aber bitte vitaminreich wie beim Fermentieren, um Lebensmittel haltbar zu machen.

Durch eine Ernährung, die auf pflanzlichen Nahrungsmitteln basiert, können wir unseren Lebensraum erhalten und auch den vielen leidenden Tieren helfen. Welch Aufwand und Platz braucht man, um Tiere zu halten, ihnen Futter zu geben, sie einzuzäunen, alles kostet viel Energie und Arbeit, vom Leid mal ganz zu schweigen. Allein der Verzicht auf Tierprodukte würde unserer Umwelt und nicht zuletzt unserer eigenen Gesundheit zugutekommen. Der Einkauf bei lokalen Herstellern und Bauern stärkt die Gemeinde und vermindert Verkehrswege. Es bedeutet ja nicht, dass man gleich auf alles verzichten muss, was nicht in der eigenen Umgebung wächst. Zumindest jedoch könnten wir wieder ein Bewusstsein dafür entwickeln, was unsere Natur uns zur Verfügung stellt. Dies gilt auch für die vier Jahreszeiten, denn vielleicht sind frische Erdbeeren oder Tomaten im Winter gar nicht so wichtig. Es gibt immer mehr Menschen, denen dies klar wird und die es konsequent in ihrem Leben umsetzen. Hat man einmal die Veränderung geschafft, kann man gar nicht mehr zurück, denn eines wird schnell klar: Ein mit Liebe selbst zubereitetes Essen kommt an kein Fertigprodukt heran.

Natürlich kommt an diesem Punkt immer wieder die Frage auf, ob es nicht viel zu aufwendig ist, all seine Lebensmittel selbst herzustellen. Meine Erfahrung dabei war, dass es anfangs natürlich Zeit braucht und auch durchaus anstrengend sein kann, sich überhaupt mit dem Thema auseinanderzusetzen. Man muss sich alle Nahrungsmittel genau anschauen, die man gewöhnlich kauft oder verzehrt, um herauszufinden, wie man sie selbst machen kann, ob es noch Sinn macht, sie zu verzehren, und wenn nicht, wie man sie ersetzen kann. Mit der Zeit wird es aber wesentlich entspannter, weil man feststellt, dass sich der Geschmack verändert und man gewisse frühere Lieblingsprodukte plötzlich gar nicht mehr mag. Dann stellt sich eine neue Routine ein, die auch nicht aufwendiger ist als die vorige, wobei das an jedem selbst liegt, wie viel Zeit er mit Kochen und Essenzubereiten verbringen möchte. Wie auch früher schon kann man ganz aufwendige Dinner zubereiten oder eine frische und gesunde, aber durchaus schnelle Küche genießen.

Betrachtet man nun diese neue Vision der Lebensmittelherstellung und Zubereitung von Speisen, gehören die Nusslaibe selbstverständlich mitten hinein. Sie werden mit Liebe in Handarbeit hergestellt, verarbeiten pflanzliche Grundnahrungsmittel, sind nährstoffreich fermentiert und geben Tieren und Umwelt eine Chance, sich zu erholen. Natürlich wäre es ideal, Nussbäume vor der Tür stehen zu haben oder ein Feld von Sonnenblumen. Ansonsten muss man abwägen, welche Nüsse oder Kerne man mit seiner Einstellung vereinbaren kann, je nachdem woher sie kommen und welchen Transportweg sie hinter sich haben.

Auch muss Eigenproduktion nicht heißen, dass man immer alles selbst macht. Aber vielleicht ermutigt diese Bewegung Menschen dazu, kleine Produktionen zu machen und sie in ihrer Umgebung anzubieten. So wie es auf der Alm den guten Bergkäse zu kaufen gibt, der auch nicht immer gleich ins Ausland exportiert wird. Somit bleiben uns mit Liebe zubereitete Produkte erhalten, die eine gesunde Basis für unsere Ernährung sind und unseren Planeten erhalten.

Die Käse-Diskussion

Ist es nun Käse? Darf man es Käse nennen? Natürlich wurden auch mir immer wieder diese Fragen gestellt. Nicht, dass ich diese Gespräche wahnsinnig spannend fand, aber auf der anderen Seite halfen sie, ein neues Bewusstsein in den Menschen anzuregen. Man muss auch hier Geduld zeigen. Wer an dem Begriff »Käse« nur für Tierprodukte festhält, hat vielleicht Schwierigkeiten mit Veränderung, hält an alten Dingen fest, ist ängstlich Neuem gegenüber oder hat wirtschaftliche Interessen. Geht man von einem gesunden Menschenverstand aus, ist es doch eigentlich egal, wie man die Nusslaibe nennt. Muss man sich an Wörtern festzuhalten, anstatt einfach ein neues Produkt zu umarmen und für das wertzuschätzen, was es ist? Nämlich etwas Gutes hinsichtlich Aussehen, Geschmack und Gesundheit. Wären Nusslaibe »in«, fände jeder sie klasse, ob sie nun schmecken oder nicht. Niemand würde sich darüber auslassen, ob sie vegetarisch oder vegan sind und ob sie nun »Käse« heißen dürfen oder nicht!

Auf der anderen Seite finde ich persönlich es gut, die Nusslaibe nicht »Käse« zu nennen, denn sie haben ganz andere Qualitäten als ein Käse. Sie sind viel gesünder, leichter verdaulich und nährstoffreicher. Für mich selbst sind Nusslaibe heute keine Alternative zum Käse, sondern Käse ist für mich allenfalls eine Alternative zu Nusslaiben, wenn ich zum Beispiel auf Reisen keine Möglichkeit habe, fermentierte Samen und Nüsse zu kaufen.

Warum sollte man sie also überhaupt mit Käse vergleichen wollen oder sie so nennen? Sicherlich ist es für den Verkauf leichter, weil ein Nusslaib einem Käse ähnelt und Menschen, die Nusslaibe noch nicht kennen, dann einen Bezug dazu haben. Um ein komplett neues Produkt vorzustellen, bedarf es einem Mehr an Information, Kommunikation und Aufklärung. Aber ist es nicht gerade das, was jemand unternehmen sollte, der fermentierte Nüsse und Kerne verkaufen will? Schließlich wollen

wir die fermentierten Nusslaibe nicht mit einem Vegankäse aus dem Supermarkt gleichsetzen, bei dem der Verbraucher wie bei allen industriellen Produkten nicht weiß, was darin steckt. Bei diesen aus Stärke und Fett bestehenden, meist erhitzten, wie Käse aussehenden Produkten kann ich durchaus verstehen, dass man diese nicht »Käse« nennen sollte. Sie sind weder fermentiert noch enthalten sie die Nährstoffe, geschweige denn die Liebe, die ein Nusslaib enthält. Das Gleiche gilt allerdings auch für industriell hergestellten Kuhmilchkäse, der künstlich geimpft wird, damit er schneller reift, und Antibiotika und Hormone enthält. Diesen würde ich auch nicht als »Käse« bezeichnen wollen, genauso wie eine pulverisierte »Vier-Käse«-Nudelsauce aus der Tüte nicht mit Käse betitelt werden sollte. Vergleicht man also Nusslaibe mit industriellem Käse aus dem Supermarkt, vegan oder nicht, sollte er besser nicht in diese Kategorie gehören. Wenn man einen Nusslaib nun tatsächlich »Käse« nennen möchte, dann gehört er am ehesten an eine Käsetheke neben einen alten Parmesan oder einen handgemachten französischen Camembert.

Zukünftig sollte es sich eher dahingehend entwickeln, sich bei »Käse« auf handgemachte, traditionelle Käse zu einigen, egal, ob sie aus Kuh, Schaf, Ziege, Nüssen oder Kernen hergestellt wurden, und industriell hergestellte, unnatürliche Produkte, egal, ob tierisch oder vegan, dürften nicht mehr als »Käse« bezeichnet werden. Letztendlich ist jedoch der Verbraucher gefragt, sich zu informieren, was in seinen gekauften Produkten steckt, egal, wie sie genannt werden, und konsequent nur ehrliche und transparente Hersteller zu unterstützen. Das ist nicht immer leicht, doch ist es wohl die Herausforderung unserer Zeit, um eine Verwandlung herbeizuführen.

Ich würde mir wünschen, dass dieses Buch ein wenig dazu beiträgt, den Begriff »Nusslaib« und das Fermentieren von Nüssen und Kernen zu prägen und diejenigen zu unterstützen, die richtige pflanzliche Fermente herstellen und damit ein ganz natürliches Produkt erschaffen, welches für jedermann geeignet ist, egal, welche Ernährungsgewohnheiten er hat. Es wäre schön, damit die ewige Diskussion zu beenden und offen neuen Möglichkeiten entgegenzusehen. Es muss kein Schubladendenken geben und niemand sollte einen anderen betiteln. Der Mensch ist so komplex und Gesundheit hängt nicht allein von der Ernährung ab. Jeder geht seinen eigenen Weg hinsichtlich dessen, was er »materiell« zu sich nimmt, was er emotional und mental verdauen muss, je nachdem, in welchem Stadium sich sein Bewusstsein befindet. Das Leben verändert sich ständig und was ich heute esse oder gut finde, kann morgen schon nicht mehr aktuell sein. Mit dieser Sichtweise hat jeder die Möglichkeit, Nusslaibe unvoreingenommen zu probieren und ganz ehrlich auszusprechen, ob sie ihm schmecken oder nicht. Denn unser Geist isst mit und wenn wir bereits vorher ein Urteil gefällt haben, beeinflusst es unser Geschmacksempfinden. Und Nusslaibe sind doch sooo lecker. Sollte ich nur aufgrund meiner Gedanken auf diesen Gaumenschmaus verzichten? Und mal ehrlich, ist es nicht egal, wie man sie nennt?

Transformation

Die kleinen und großen Nusslaibe scheinen also noch mehr in sich zu verbergen, als lediglich ein Lebensmittel zu sein. Sie sind lebendig, rütteln einen und wecken auf. Altes wird losgelassen und etwas Neuem wird die Tür aufgemacht. Nicht nur hinsichtlich ihrer eigenen Verwandlung, auch der Mensch, der sie herstellt und der sie verzehrt, verändert sich. Irgendwie hat es auch in mir geblubbert und gegärt, als ich mich mit ihrer Herstellung beschäftigt habe. Ich lernte viel und konnte den Wandel in allem sehen, in den Nusslaiben, in mir und in der Welt. Nichts bleibt gleich, unsere Materie ist eine Illusion, eine Scheinwelt, die sich jederzeit verwandeln kann.

So war der Auslöser für meine Suche nach dem großen Nusslaib der Walnussbaum vor unserer Haustür. Damals hatte ich weder Pläne, auf Milchprodukte zu verzichten, geschweige denn ein Buch über Nusslaibe zu schreiben. Doch eins ergab das andere, erst waren es meine persönlichen Erfahrungen. Mein Körper fühlte sich leichter an ohne Milch und Milchprodukte, alles begann besser zu funktionieren, denn ich war gesünder. Gefühle und Emotionen, die bekanntlich durch den Magen gehen, wurden mir bewusster und ließen sich besser einordnen. Meine Gedanken wurden friedlicher, ruhiger und klarer. Durch Workshops konnte ich diese Erfahrungen teilen und Menschen motivieren, ebenfalls Neues auszuprobieren und ihre Ernährung zu überdenken. Produktion und Verkauf von QueSemilla verteilten diese Energie im ganzen Land, denn sie war in den Nusslaiben gespeichert, die mit Liebe gepflegt wurden, und jeder, der sie aß, bekam etwas davon ab. So passiert die wahre Transformation im Kleinen, in einem selbst. Und dann wächst sie einfach und verteilt sich von ganz alleine. Wenn ich heute an einem Walnussbaum vorbeigehe, sehe ich ihn mit ganz anderen Augen an und mir läuft das Wasser im Munde zusammen, wenn ich an die vielen Nusslaibe denke, in die ich seine Früchte auf natürliche Art und Weise verwandeln kann.

Das sich all dies in ein Buch verwandelt, hatte ich am wenigsten erwartet. Seit zwei Jahren hatte ich das Gefühl, es müsse noch etwas mit den Nusslaiben passieren, dass ich all das Wissen und die Erfahrung in etwas Neues verwandeln sollte. Umso glücklicher fühle ich mich jetzt mit meinem Buch. Ich hoffe, mit all den Infos oder auch mit meiner Geschichte Menschen dazu anregen zu können, neue Dinge auszuprobieren. Ich hoffe, dass ich niemandem auf den Schlips getreten bin. Es war nicht in meinem Interesse, jemandem eine Meinung aufzuzwingen, ich wollte meine Geschichte erzählen, wie ich sie erlebt habe. Wie wir wissen, wandelt sich alles ständig und so kann es sein, dass wir alle morgen schon wieder ganz andere Ansichten vertreten.

Die Transformation ist unendlich und unaufhaltsam, und sie ist doch immer irgendwie kernig!

Die Autorin

Stefanie Horn lebt seit 2006 in Argentinien, nachdem sie zwei Jahre zuvor ihr Leben in Deutschland aufgab, um durch Mittel- und Südamerika zu reisen.

2012 zog es die Gesundheitsberaterin und Therapeutin in die Natur Patagoniens, wo sie noch heute lebt. Dort eröffnete sich ihr eine gesündere Lebensweise durch Bioanbau und die eigene Herstellung von Lebensmitteln. Sie experimentierte vor allem mit laktosefreier Kost, wobei die natürlich fermentierten Nusslaibe entstanden sind. Aufgrund des aufkommenden Interesses an vegetarischer und veganer Kost in Südamerika konnte die Autorin ihre Erfahrungen auf diversen Seminaren und Workshops weitergeben. Es folgte die Gründung der Marke »QueSemilla« (»WelchKern«) mit professioneller handwerklicher Produktion von großen Nusslaiben und Verkauf an Naturkostläden innerhalb Argentiniens und auf regionalen Märkten in Patagonien.

Mehr auf den Internetseiten von Stefanie Horn:

www.nusslaibe.com
www.stefaniehorn.info

Natürlich gesund

Alexander Neukert:
Glutenfrei vegan
ISBN: 978-3-89566-362-8

Sigrid Schimetzky:
Herbstfrüchte
ISBN: 978-3-89566-378-9

Anna Lena Böckel, Uwe Schröder,
Günter Wagner:
Flowfood
ISBN: 978-3-89566-386-4

Anna Lena Böckel, Uwe Schröder,
Günter Wagner:
Fit mit Kokos
ISBN: 978-3-89566-356-7

Weitere Bücher aus dem pala-verlag

Jutta Grimm:
Statt Plastik
ISBN: 978-3-89566-348-2

Jutta Grimm:
Ratgeber Stoffwindeln
ISBN: 978-3-89566-395-6

Jutta Grimm:
Magisch fix
ISBN: 978-3-89566-373-4

Werner David:
Fertig zum Einzug: Nisthilfen für Wildbienen
ISBN: 978-3-89566-358-1

Gesamtverzeichnis bei:
pala-verlag, Rheinstraße 35, 64283 Darmstadt, www.pala-verlag.de

ISBN: 978-3-89566-392-5

Rheinstraße 35, 64283 Darmstadt
www.pala-verlag.de

Bildnachweis:
Seiten 8, 64 (oben links, unten), 65, 72, 90 (links, Mitte), 98, 99, 103, 111 (oben rechts, unten), 117 (links, Mitte), 128, 134 (oben links), 175 (unten): Silvia Tänzer
alle anderen Fotos: Stefanie Horn
Umschlagfotos vorne: Silvia Tänzer *(oben links),* Stefanie Horn *(alle anderen Fotos)*
Umschlagfoto hinten: Fernando López Lobos *(links),* Stefanie Horn *(rechts)*

Lektorat: Angelika Eckstein

Druck und Bildung: Beltz Grafische Betriebe GmbH, Bad Langensalza
www.beltz-grafische-betriebe.de
Printed in Germany